日本の国土と国境

吹浦忠正 監修

出窓社

もくじ

国境の島々へのおもい　　　　4
　—監修の言葉にかえて—

第1章
日本の国土　　　　7

日本の位置を説明できますか？　　8
緯度・経度で見る日本の位置　　10
アジアと太平洋の中の日本　　12
世界の主な国と日本の国土面積　　14
日本列島の自然　　16
島国としての日本　　18
コラム 日本の範囲を考えてみよう　　20

第2章
領域と国境　　　　21

国とは何だろう？　　22
国の領域とは何だろう？　　24
日本の領域（領土と領海）　　26
日本の排他的経済水域（EEZ）　　28
世界の排他的経済水域（EEZ）　　30
国境とは何だろう？　　32
なぜ国境線を引くのだろう？　　34
厳しい国境とおおらかな国境　　36
国境をめぐる国際紛争　　38
世界の海の領域をめぐる問題　　40
日本の海の領域をめぐる問題　　42
コラム 国際司法裁判所はどんなところ？　　44

第3章
国境を形成する島めぐり　45

- ❶ 北方4島　46
  - 北方領土をめぐる問題　48
- ❷ 礼文島・利尻島・奥尻島　50
- ❸ 佐渡島・粟島　52
- ❹ 舳倉島　53
- ❺ 隠岐諸島・竹島　54
  - 竹島をめぐる問題　56
- ❻ 対馬・壱岐・五島列島　58
- ❼ 種子島・屋久島　60
- ❽ トカラ列島・奄美群島　62
- ❾ 沖縄諸島　64
  - 沖縄をめぐる問題　66
- ❿ 八重山列島・宮古列島　68
- ⓫ 尖閣諸島　70
  - 尖閣諸島をめぐる問題　71
- ⓬ 大東諸島　72
- ⓭ 沖ノ鳥島　73
  - 沖ノ鳥島をめぐる問題　74
- ⓮ 小笠原諸島　76
- ⓯ 硫黄島・南鳥島　77
- コラム　流人の島と伊豆諸島　78

第4章
日本の国土の成り立ち　79

- **古代1**　倭国の登場　80
- **古代2**　律令国家の境界　82
- **中 世**　定まらない境界　84
- **近世1**　鎖国下の窓　86
- **近世2**　異国船の来航と国防意識　88
- **近代1**　開国と国境の画定　90
- **近代2**　条約の改正と領土の拡大　92
- **現 代**　領土の回復と新たな問題　94

資料編

- 海洋法に関する国際連合条約　96
- 領海及び接続水域に関する法律　98
- 排他的経済水域及び大陸棚に関する法律　99
- 北方領土の歴史年表　100
- 竹島の歴史年表　101
- 尖閣諸島の歴史年表　102
- 参考資料一覧　103

本書に掲載した島の面積は、国土地理院「全国都道府県市町村別面積調・島面積」（2012年）、人口は、平成22年国勢調査を基本としました。

3

国境の島々へのおもい

―監修の言葉にかえて―

ユーラシア21研究所理事長
吹浦　忠正

　江戸時代に駿河沖で遭難しアリューシャン列島に漂着した大黒屋光太夫の数奇な生涯を描いた『おろしあ国酔夢譚』（井上靖）、火山噴火の危機が迫るなか絶海の孤島・鳥島測候所の閉鎖を描いた『火の島』（新田次郎）、千島列島最北端の孤島・占守島で、終戦時の日本守備隊とソ連軍の戦闘を題材にした『終わらざる夏』（浅田次郎）は、わが国の領土や国境の役割、歴史、過酷さなどを鋭く描写した名作です。

　グローバル化が進捗しつつも、依然として、領土・民族・宗教・資源などをめぐって紛争が多発している現代、わが国もまた隣接諸国との間にいくつかの領土問題を抱えています。しかし、これまでの日本の教育は、ややもすればこの問題に力を入れてこなかったため、多くの日本人は問題の経緯や現状についての理解が十分とはいえない状況にあります。

　本書は、日本の国土、領域、国境、とりわけ国境の島々に焦点を当て、地理的、歴史的、世界的、将来的視点から事実を知り対応策を考えるための基本的な情報を提供し、教材としても利用でき、議論の基礎となるよう企画されたものです。

　ところで、自然に形成された陸地であって、水に囲まれ高潮時においても水面上にあるものが島で、わが国には海岸線が100m以上ある島は海図上で6,852島（うち6,415は無人島）あります。これらの島々の役割について考えてみましょう。

　島国であるわが国の最果ての地、最先端の地はもちろん島で、現在、その東西南北端は南鳥島、与那国島、沖ノ鳥島、択捉島です。そしてこれら最先端の島々が200海里の排他的経済水域（EEZ）の基点になるわけですから、国の主権上、その維持と管理は最高に重要な国家の責務です。これらの島々のおかげで、日本は国土の約10倍もの排他的経済水域をもつ世界有数の海洋国家と認められているのです。

　また、島々は生物学上でも価値が大きく、小笠原諸島や八丈小島、そして尖閣諸島はアホウドリ、西表島（沖縄県）はイリオモテヤマネコの生息地です。

礼文島（北海道）は、平地でありながら高山植物が生育する場所として、さらに屋久島（鹿児島県）には樹齢数千年ともいわれる縄文杉があります。北方領土には北海道ではほとんど見られなくなっているエトピリカという海鳥がいて、北方領土との「ビザ・旅券なし交流」の船名にもなっています。

北方領土訪問の監修者とえとぴりか号
（2011年7月、根室港で）

島や半島などの国境地域は、19世紀後半から始まった海底ケーブルの敷設拠点でもあります。ケーブルは光ファイバーの登場でより重視され、インターネット時代の大容量伝送路として注目されています。種子島のような宇宙開発の拠点となった島もあります。

16世紀以降、国境の港は平戸、その後は長崎、対馬、薩摩、松前、幕末には根室、函館、下田に見られるように、交易と交流の拠点でした。対馬は古くから朝鮮半島との架け橋、種子島は鉄砲伝来の地、根室にはロシアの使節が来航して種痘やスケートなどを伝えました。国後島や択捉島の「場所（商業地）」は、高田屋嘉兵衛が開いたものですが、アイヌやロシア商人との交易の場でした。

また国境地域には遭難した外国船員救助の歴史があります。宗谷海峡に近い猿払村（ソ連の貨客船インディギルカ号沈没事故、1939年）、沖縄県宮古市（ドイツ商船ベルトリン号座礁事故、1873年）、和歌山県の串本町（トルコ艦船エルトゥールル号沈没事故、1890年）は、ソ連、ドイツ、トルコの船員・乗客の救助の歴史があり、対馬や山陰地方では、バルチック艦隊の漂着将兵たちを住民たちが手厚く保護しました。

幕末に米国青年ラナルド・マクドナルド（日本初のネイティブ英語教師）を漂着者として受け入れた利尻島の人たちや伊豆大地震で難破したロシアのディアナ号を救助し母国への帰還船を建造した西伊豆の人々もいます。1919年、尖閣諸島の魚釣島に漂着した中国漁船の乗員を救出したのも、当時、島の鰹節工場で働いていた日本人で、中華民国長崎総領事からの感謝状が贈られ、中国が尖閣諸島を公的に日本の領土として認めた例とされています。

他方、古来、防衛の要衝として島が果たした役割も大きいものがあります。対馬、壱岐は、白村江の敗戦以降、防衛の最前線となり、刀伊の入寇（1019）、応永の外寇（1419）、元寇（1274）では、攻め入る敵と勇敢に対峙しました。国後、利尻、小笠原、硫黄島、南鳥島、占守島、樺太、沖縄、慶良間の島々でも、敵の攻撃に勇敢に立ち向かった人々がいました。1806年に北の海で起き

た文化露寇(フヴォストフ事件)は、江戸幕府を震撼させました。この時も知床半島西岸の斜里に駐留していた津軽藩士70名は、厳寒のなか警固にあたり多くの人が命を落としました。

　島はまた配流の地でもありました。佐渡島、隠岐諸島、八丈島、喜界が島には、天皇をはじめ高貴な身分の人も流され、都の言語、文化、技芸の一部が今日まで残されているという例もあります。韓国の済州島、台湾の緑島、ベトナムのコンソン島、南アフリカのロベン島も同様だと聞きます。

　またかつて島は逃避の地、気分転換の地でもありました。江戸時代、隠れキリシタンは五島列島に逃れ、詩人のサトウハチローは勘当され小笠原の父島へ、宮沢賢治は妹の死による傷心を癒すべく樺太へと旅に出ました。

　離島の振興は、長年の課題でしたが、下地島・宮古島では、空港や橋、地下ダムの建設(宮古島)などのインフラ整備が進み、島暮らしの難点が少しずつ改善されています。観光特産品のみに依存してきた島おこしに新たな転換点が加わった例でしょう。金華山(宮城県)や北方領土の周辺などでは漁業基地が整備され、冷蔵・冷凍設備の設置で大きな期待が持てそうです。戦前は、千島の幌筵島に東洋一といわれたカニ工場がありましたし、色丹島の穴澗は、現在ロシアの不法管理下にありますが、ロシア人はこの町をクラブザボーツコエ(カニ工場)と呼んでいます。

　将来的には、ゴミ処理も離島や無人島が担いうる役割の一つとなるかもしれません。もちろん安全や環境に配慮しなければならないことは言うまでもありません。

　排他的経済水域が設定された現代では、水域の海底資源も大きな関心事です。例えば、南鳥島周辺ではメタンハイドレートやレアアースの豊富な埋蔵が確認されています。採掘技術やコストの課題は残るものの、資源が乏しいわが国の将来にとって期待が高まっています。これまで日本は海によって守られてきました。しかし、これからは海を守り、活用する時代となるでしょう。

　領土や国境を形成する島は国家の最重要遺産です。本書が、国際法を尊重しつつ、日本の国家主権について考える一助となることを期待してやみません。

平成25年6月

第1章 日本の国土

オホーツク海の波に洗われる知床半島の知床岬
半島中央部は1000m級の山々が連なる。2005年にユネスコの世界自然遺産に登録された。

日本の位置を説明できますか？

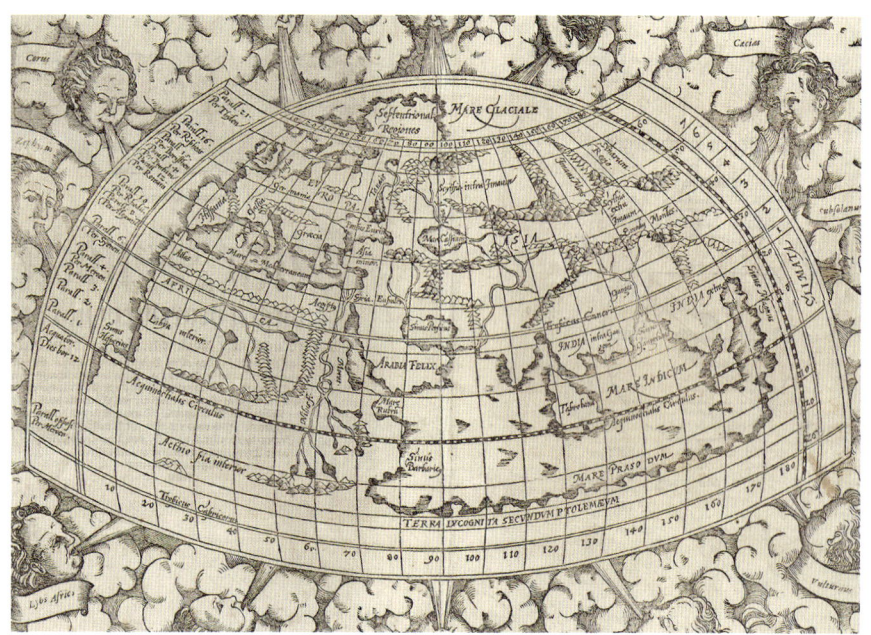

プトレマイオスの世界地図（九州大学図書館蔵）　原図は2世紀頃に描かれたが、現存していない。本図は、1550年頃、ドイツのミュンスターが原図を再現したものである。地図に緯度と経度の考えを導入した画期的な地図で、アフリカ大陸北西沖のカナリア諸島が経度0である。ヨーロッパと北アフリカを中心にした当時の世界観が表されている。東は中国までで日本は描かれていない。

　国の位置を人に説明するのは、意外に難しい。地球儀や地図帳があれば簡単だが、言葉だけで説明しなければならないときは、どうすればいいのだろう。

　一般的なのは、地域名や近くの国との位置や方位で説明することで、そのためには基準となる大陸名や地域名、隣接する国名などを確認しておく必要がある。

　日本の場合は、「ユーラシア大陸の東の国」または「アジアの東端に位置する国」、「中国の東方にある島国」などとなる。

ユーラシア大陸　語源のユーロ (Euro) + アジア (Asia) が示す通り、ヨーロッパとアジアとを合わせた広大な大陸。

アジア　7世紀のアッシリア語で「東」を意味し、エーゲ海の東の地方をさしていた。現代では、ユーラシア大陸のヨーロッパを除いた地域一帯をさす言葉として使われている。アジアは西アジア・中央アジア・南アジア・東南アジア・東アジアに分けることも多い。日本は中国や韓国とともに「東アジア」に含まれる。

中心が変わると世界観も変わる

上下とも、ヴィンケル図法で描かれている。上は、赤道（緯度0度）と経度0度を中心にしたもの。下は、赤道と経度150度を中心としたもの。この図法は陸地のひずみの差が小さいため、世界全図としてよく使われる。

上の図では、太平洋が分断されている。赤道と経度150度を中心とした下の図では、大西洋が分断されている。上では、日本はユーラシア大陸の最果ての島国であり、下では、太平洋の北西のふちに浮かぶ島国となる。

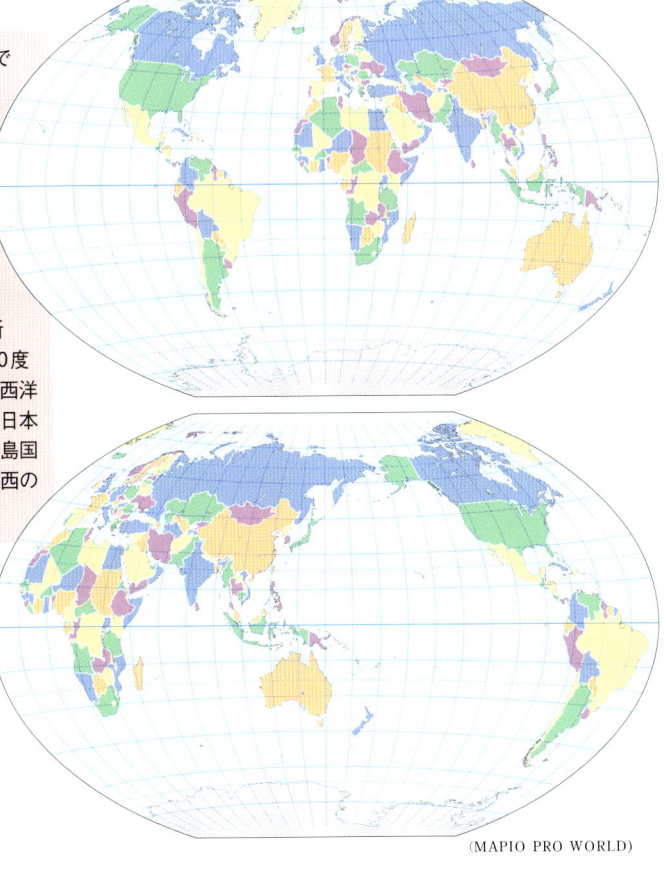

(MAPIO PRO WORLD)

極東 日本や中国をさす、もう一つの呼び方。ヨーロッパから東を見たとき、近い順から近東 (Near East)・中東 (Middle East)・極東 (Far East) と、大きく3つに区分したことによる。近東はバルカン半島からトルコ、エジプトにかけての地中海東岸域、中東はアラビア半島からアフガニスタン、パキスタンにかけての地域、極東はインドを含むそれ以東の地域とされていた。ヨーロッパを世界の中心とした考え方から生まれたものである。

環太平洋「21世紀は太平洋の世紀」といわれるように、近年、環太平洋の国々の経済発展に伴い、太平洋を取り囲む国々の役割が増してきている。

上の世界全図を比べてみるとわかるように、世界は中心をどこに置くかによって見方が大きく変わる。今までのヨーロッパ中心の考え方から視点を移せば、日本の位置も「太平洋の北西に浮かぶ島国」という説明の方が、より一般的になるだろう。

日本の国土 — 第1章　9

緯度・経度で見る日本の位置

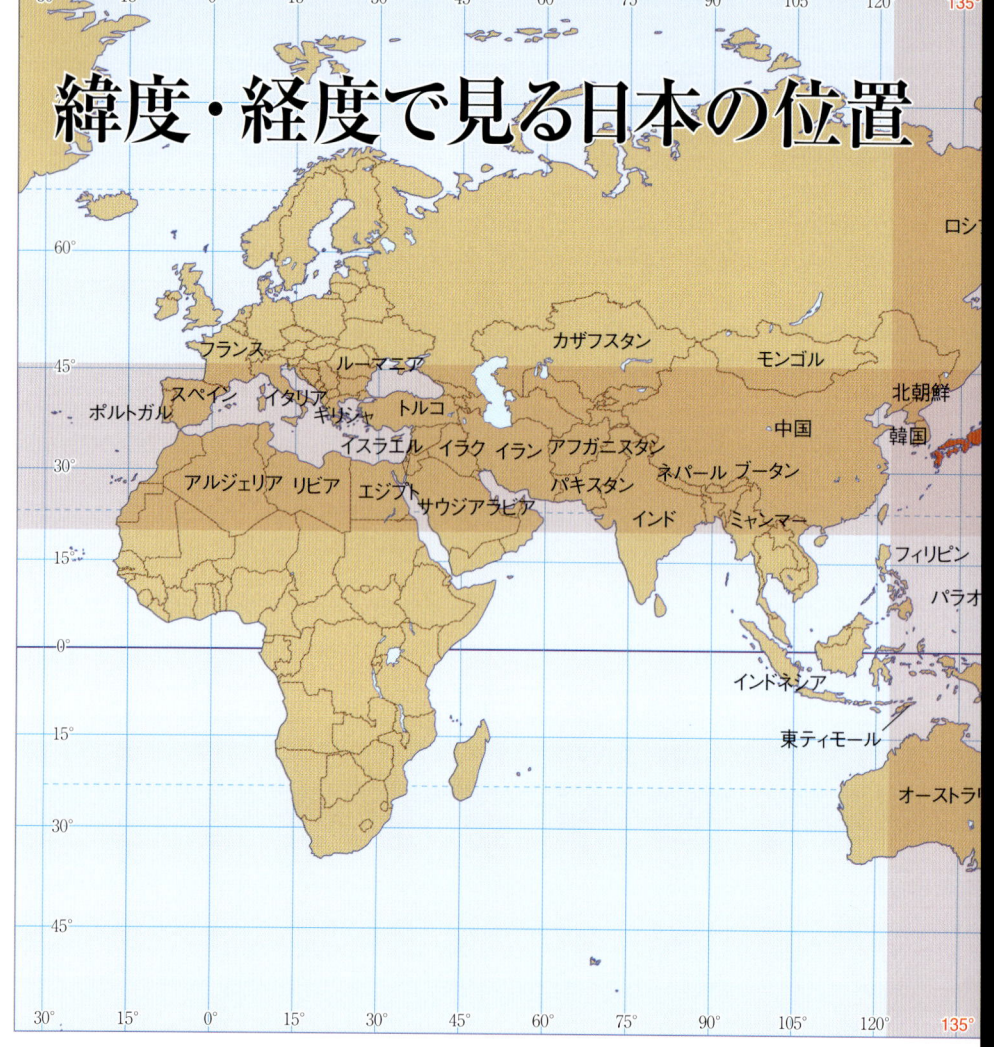

日本の緯度・経度と標準時 日本は、およそ北緯20度30分〜45度30分、東経123度〜154度の間に位置する。緯度差は25度、経度差は31度である。

時差は経度の差によって生じるため、国内でも時差が2時間余りある（経度15度あたり1時間の時差）。

日本の標準時子午線は、兵庫県明石市などを通る東経135度で、これは1886（明治19）年に制定された。

区 分	場 所	世界測地系* 緯 度	世界測地系* 経 度	日本測地系* 緯 度	日本測地系* 経 度
最東端	東京都 南鳥島	24° 16′ 59″	153° 59′ 11″	24° 16′ 42″	153° 59′ 25″
最西端	沖縄県 与那国島	24° 26′ 58″	122° 56′ 01″	24° 26′ 38″	122° 55′ 59″
最北端	北海道 択捉島	45° 33′ 28″	148° 45′ 14″	45° 33′ 19″	148° 45′ 30″
最南端	東京都 沖ノ鳥島	20° 25′ 31″	136° 04′ 11″	20° 25′ 14″	136° 04′ 20″

*世界測地系は人工衛星などを用いた国際的な緯度・経度の測定基準で、日本測地系よりもより正確といえる。

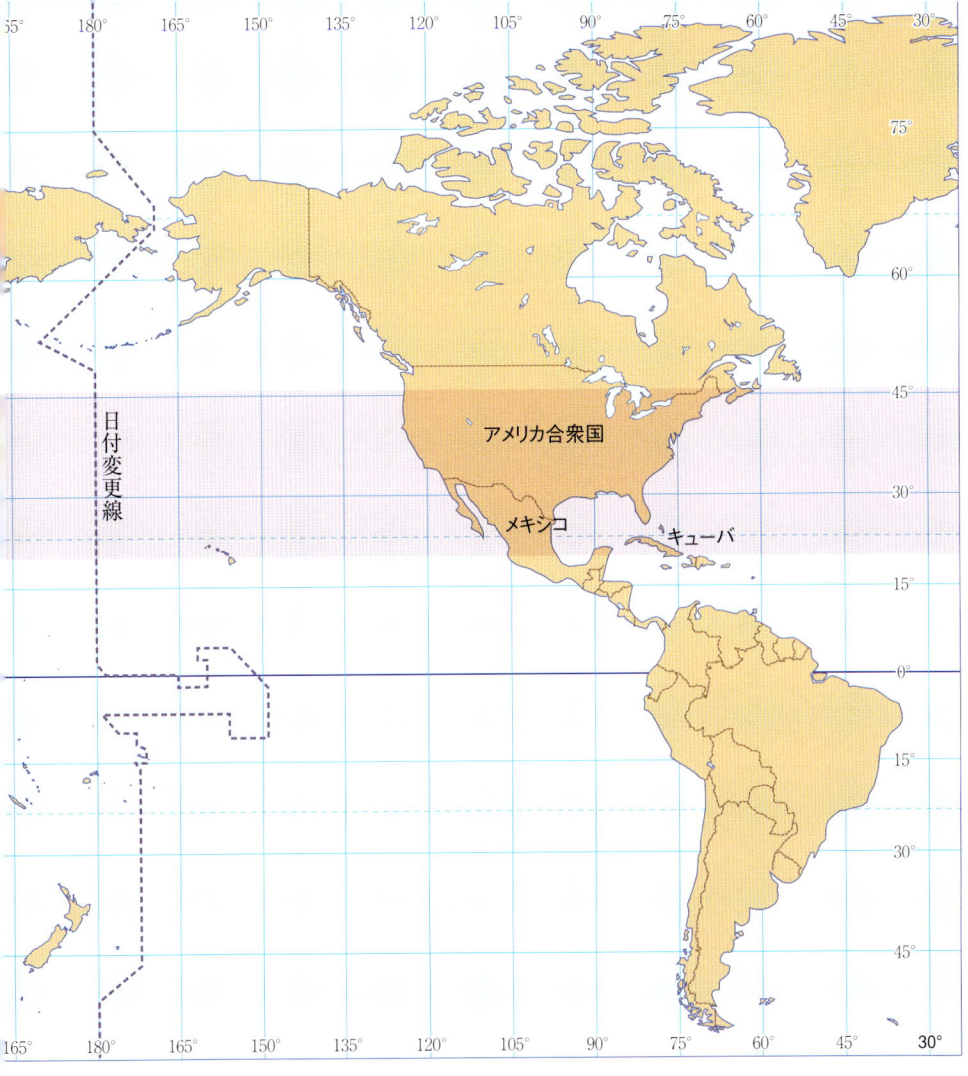

同緯度の国と地域 日本は北半球の中緯度に位置する。日本の緯度の範囲を東西に延長すると、南ヨーロッパ、北アフリカ、西アジア、中央アジア・東アジア、北アメリカ南部が含まれる。だが、同緯度でも気候は各地域で異なる。

同経度の国と地域 日付変更線は、経度180度を基準とし、太平洋の海上を南北に通る。太陽が東から昇るためで、日本は一日が早く始まる国の一つだ。

　日本と同じ標準時を持つ国は、韓国、インドネシア東部、パラオ、東ティモール、ロシアのイルクーツクなどである。

　韓国・北朝鮮の標準時は、かつては東経127.5度を採用したときもあったが、現在は、朝鮮半島を通らない東経135度を基準としている。

　ほぼ同経度の国にオーストラリアがあるが、30分ずれた中間時を採用しているため、日本と同じ標準時ではない。

日本の国土 — 第1章　11

アジアと太平洋の中の日本

日本の国土は、ユーラシア大陸の東端に弧を描くように並ぶ島々で構成されている。その形状から弧状列島とも呼ばれるが、その範囲は意外に広い。

例えば、最北端の択捉島から最西端の与那国島までの距離は、最も長く3,294km（北京・バンコク間とほぼ等距離）になる。

アジアの中の日本 ユーラシア大陸の太平洋沿岸には、北からロシア連邦、朝鮮民主主義人民共和国（北朝鮮）、大韓民国（韓国）、中華人民共和国（中国）がある。とくに韓国・中国とは距離も近く、歴史的にも文化的にも関係が深い。

大陸と最も近いのは対馬で、韓国南西部の港湾都市プサンとの距離は、わずか49.5kmである。政令指定都市の中では、福岡市が大陸への窓口といえるだろう。福岡を中心とした同心円は、福岡-ソウルと福岡-大阪がほぼ等距離で、福岡-東京と福岡-上海では、上海の方がやや近い。

那覇は、九州・台湾・上海などと等距離にあり、その利点が注目されている。

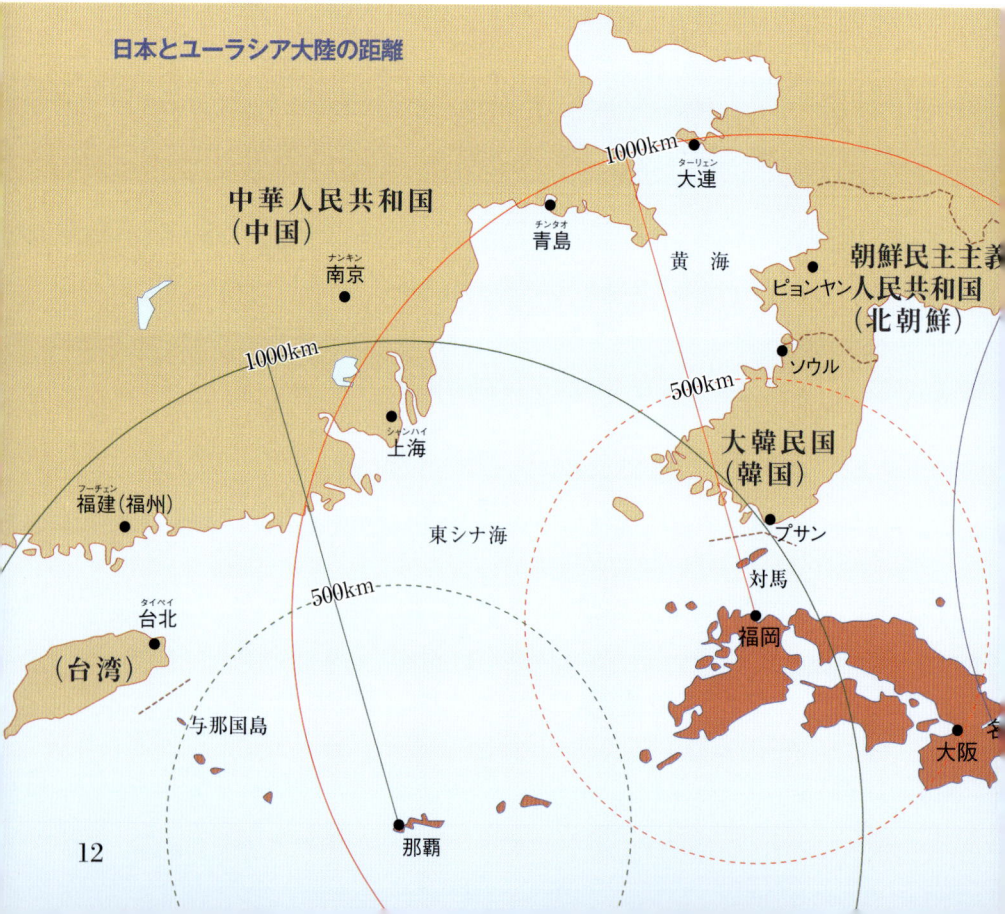

日本とユーラシア大陸の距離

太平洋に面した日本　太平洋を中心に見れば、日本列島は北太平洋の西端に位置する。日本の南東には海上の国境を接する国はない。沖ノ鳥島と南鳥島の南に、アメリカ合衆国統治下のマリアナ諸島があり、排他的経済水域（EEZ）で接する。

太平洋は地球上で最も広い大洋である。しかし、航空網の発達と経済の発展によって、その広さは狭まりつつある。

経済が結ぶ太平洋　アジア太平洋経済協力会議（APEC）が1989年に発足するとアメリカ、カナダ、東南アジア各国、オーストラリアとニュージーランド、さらに南米のメキシコやペルー、チリも太平洋を隔てた日本の「隣国」となった。

現在、APECは、21カ国・地域が参加し、人口で世界の約40％、GDP（国内総生産）では約60％、貿易額では約50％を占めるようになった。元来、緩やかな協力関係という性格だったAPECから、より広く自由化を進めることを目的にしたのが環太平洋貿易協定（TPP）である。関税の撤廃を原則とする自由貿易協定のため、各国間で例外を求めて交渉が行われているが、実現すれば太平洋は今以上に「狭く」なるだろう。

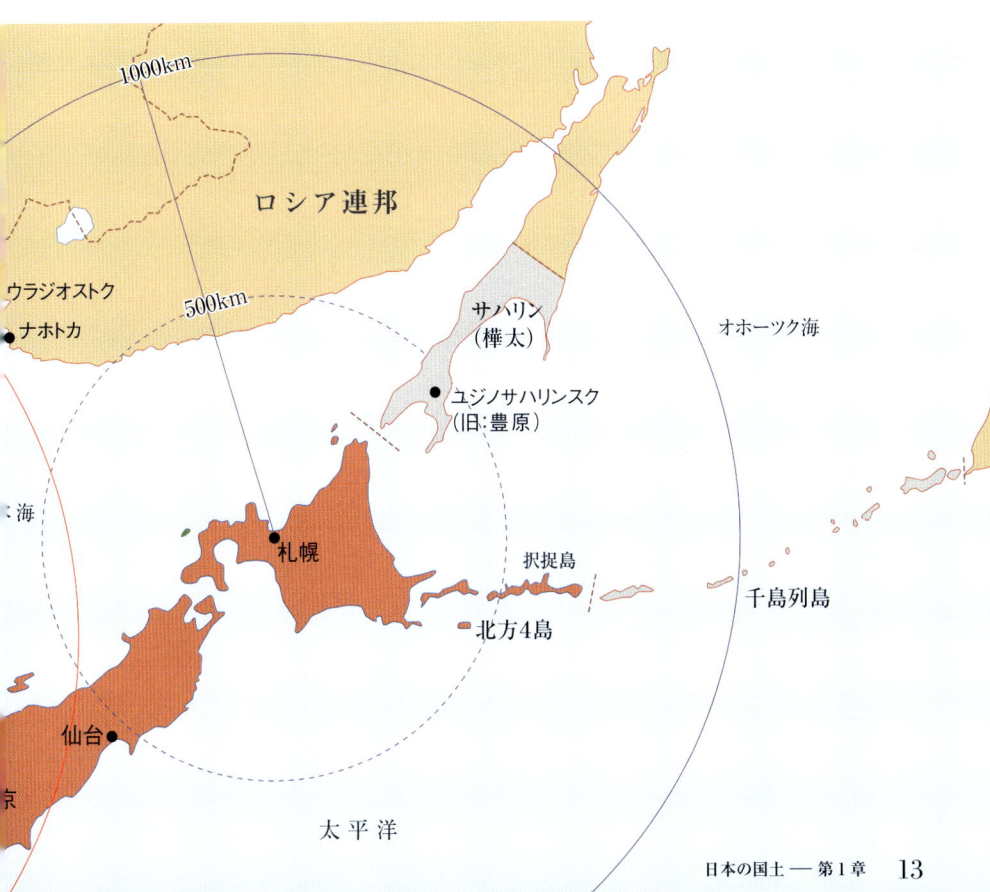

日本の国土 —— 第1章

世界の主な国と日本の国土面積

国土面積トップ10　○囲い数字は、国土面積の順位を示す。

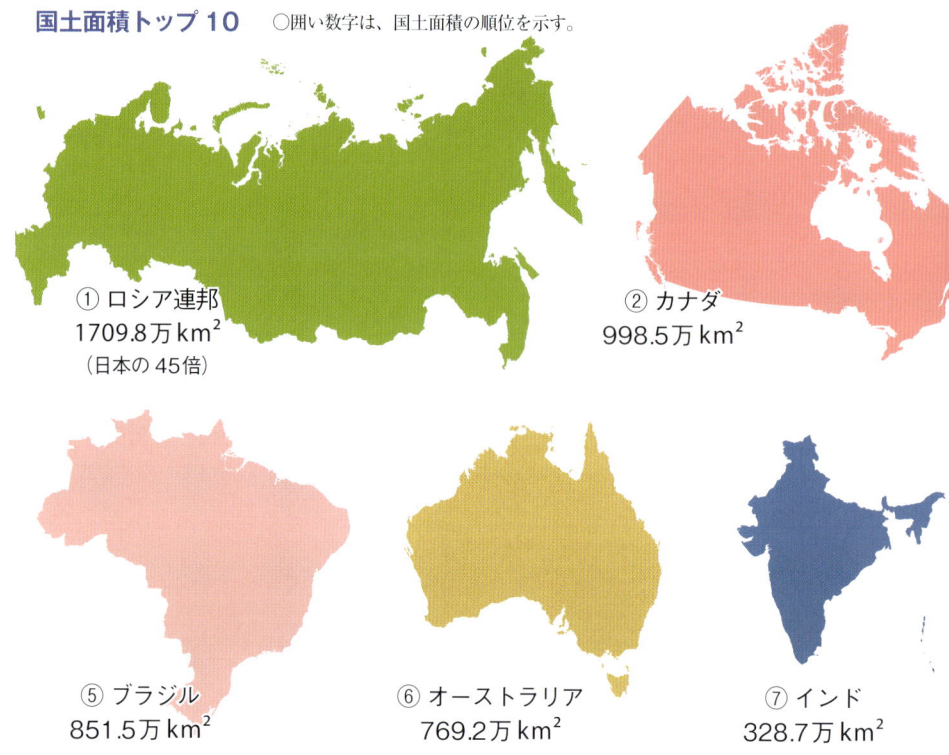

① ロシア連邦
1709.8万km²
（日本の45倍）

② カナダ
998.5万km²

⑤ ブラジル
851.5万km²

⑥ オーストラリア
769.2万km²

⑦ インド
328.7万km²

国土面積　世界には五大陸に首都がある国が149カ国、大陸に根拠を持たない海洋国家（島国）が45カ国ある。

　日本の面積は、37.8万km²。世界194カ国中の62番目で、けっして広くはない。しかし、海洋国家の中で比べてみると、インドネシア（190.5万km²）、マダガスカル（58.7万km²）、パプアニューギニア（46.3万km²）に次ぐ第4位の面積をもつ。同じ島国としてよく比較されるイギリス（24.3万km²）やニュージーランド（27.0万km²）よりもかなり広い。

広い森林　森林が多いことが日本の国土の特徴といわれる。南北に細長い列島に亜熱帯から亜寒帯までの気候があり、豊かな植生をもたらしている。

狭い可住地　森林が多いことは、可住地が少ないことを意味する。可住地とは、農地や工業用地、宅地に利用できる土地のことで、統計的には国土面積から森林・内水面*・荒れ地を除いた面積で計算される。日本の可住地面積の割合は、国土の約3分の1で、主な国と比べると低い。そのため、高密度に土地利用されている。

14　　　　　＊内水面は、淡水の湖沼や河川の公有水面を指し、海水域は外水面という。

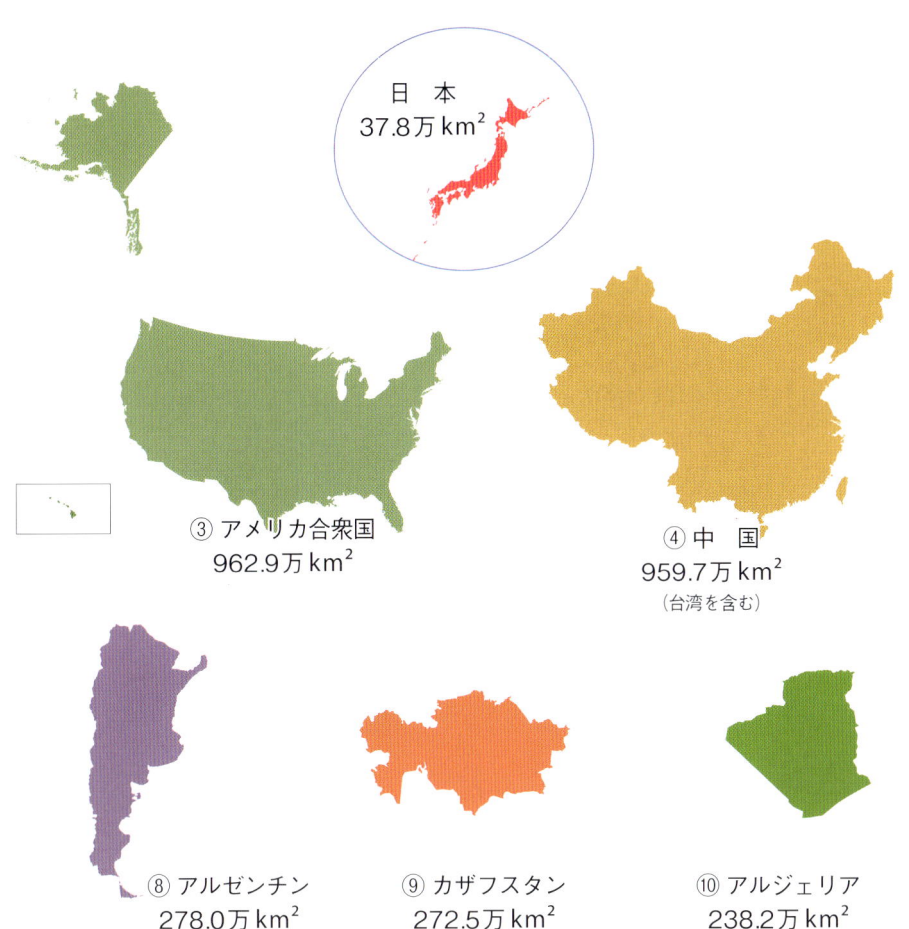

日本 37.8万km²

③ アメリカ合衆国 962.9万km²

④ 中国 959.7万km² (台湾を含む)

⑧ アルゼンチン 278.0万km²

⑨ カザフスタン 272.5万km²

⑩ アルジェリア 238.2万km²

森林面積の割合

	国土面積(万km²)	森林面積(万km²)	森林面積の割合
アメリカ	916.2	303.1	33.1%
フランス	55.0	15.6	28.3%
日 本	36.5	24.9	68.2%
ドイツ	34.9	11.1	31.8%
イギリス	24.2	2.9	11.8%
韓 国	9.9	6.3	63.5%

＊国土面積は、その国の全面積から内水面面積を除いた面積。
(『世界森林白書』2009)

広い海 日本は周囲を海に囲まれた海洋国家である。近年、各国が排他的経済水域(EEZ)を設定するようになり、日本も200海里のEEZを設定した。その結果、日本は国土面積の約40倍ものEEZをもつ海洋大国となった。

しかし、国家間の経済活動や資源をめぐる競争が激しくなるにつれ、海上の国境や国境の島の重要度が増し、領有権をめぐる紛争も増えている。

排他的経済水域については、第2章で詳しく見ることにしよう。

日本列島の自然

日本の四季　①桜と菜の花(奈良県明日香村)　②沖縄島の夏
③実り間近の稲穂の波(明日香村)　④都会に降った雪(東京都江戸川区)

豊富な降水量と四季が明瞭な気候　日本列島は中緯度高圧帯にあり、大陸と大洋の外縁に位置することから、四季がはっきりした独特の気候をもつ。また、南北に細長い国土のため、地域差が大きい。

　夏は、太平洋の赤道付近で暖められた湿気を含んだ季節風が太平洋側に雨を降らす。また、梅雨や台風の襲来も大きな特徴である。冬は大陸から湿気を含んだ季節風が山にさえぎられ、日本海側に降雪をもたらす。降雨と降雪は山岳地帯を挟んで異なる気候をもたらす。

多様な生活文化　豊富な降水量は豊かな森林を育み、四季の彩りは、稲作をはじめとする様々な農作物をもたらした。日本列島の周囲は大きな海流が流れ、多種多様な海の幸を求め漁業が発達した。

　また、南北に細長く、峻険な山によって生活空間が区切られてきたため、地域ごとのさまざまな気候と相まって、産業、食文化、住居、祭りなど独特の生活文化が各地に育った。

　とくに離島には、その歴史と気候によって、独自で多様な文化が育まれてきた。

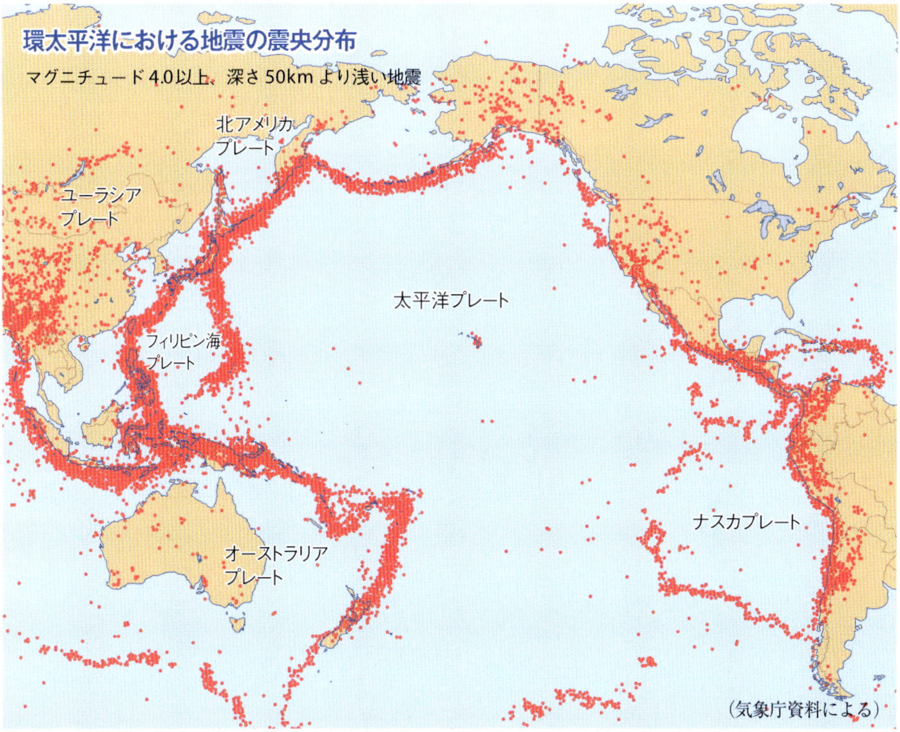

環太平洋における地震の震央分布
マグニチュード4.0以上、深さ50kmより浅い地震

（気象庁資料による）

プレートの境界にある日本列島　日本列島周辺は、太平洋の海洋プレート（太平洋プレート・フィリピン海プレート）が大陸プレート（ユーラシアプレート・北アメリカプレート）の下に沈み込む場所にあたる。

　プレートの境界は造山活動がさかんで、火山群が形成され、地震の多発地帯でもある。太平洋プレートの境界は、世界二大造山帯の一つ環太平洋造山帯である。

自然と災害　日本列島は豊かな降水量に恵まれ、農作物などに多くの恩恵を得てきたが、急峻な山地と短い河川のため、集中豪雨や台風などにより、たびたび大水害を繰り返してきた。

　また、環太平洋造山帯に位置するため火山活動、地震活動が活発で、大震災、大津波などの甚大な被害を受けてきた。

　日本列島に暮らすことは、こうした自然災害と常に背中合せである。人間の叡智で自然の脅威とどのように向き合うかが今後も問われている。

津波と津波火災で瓦礫と化した岩手県山田町（2011年3月11日、東日本大震災＊）

＊東日本大震災はM9.0、巨大津波が東北地方の太平洋岸を襲った。

島国としての日本

島面積トップ10

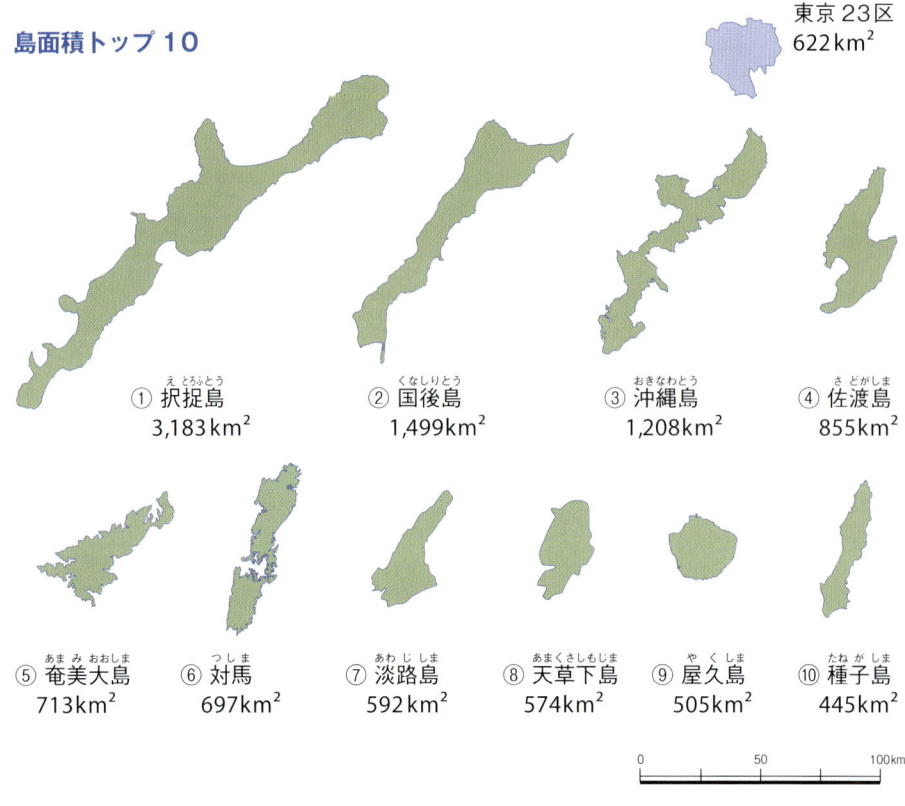

東京23区
622km²

① 択捉島（えとろふとう）
3,183km²

② 国後島（くなしりとう）
1,499km²

③ 沖縄島（おきなわとう）
1,208km²

④ 佐渡島（さどがしま）
855km²

⑤ 奄美大島（あまみおおしま）
713km²

⑥ 対馬（つしま）
697km²

⑦ 淡路島（あわじしま）
592km²

⑧ 天草下島（あまくさしもじま）
574km²

⑨ 屋久島（やくしま）
505km²

⑩ 種子島（たねがしま）
445km²

　日本は、北海道・本州・四国・九州の4つの大きな島と周辺に浮かぶ無数の島々で形成されている。

おもな島　主要4島以外の島で最も大きい島は、北方領土の択捉島である。以下、国後島・沖縄島・佐渡島・奄美大島・対馬・淡路島と続く。

　人口が多い島は、沖縄島・淡路島・天草下島・佐渡島である。都道府県別では、島が多いのは長崎県で971、次いで鹿児島県605、北海道508となる。大阪府は海に面しているが島がひとつもない。

島の数　日本列島には6,852の島がある。海上保安庁が2万5千分の1海図を基準として、海図上の岸線から100m以上離れた海上の陸地を調べた結果である。そのうち北海道、本州、四国、九州及び沖縄本島を除く6,847島は離島と呼ばれる。

　小さな離島は居住に適さない無人島も多いが、漁船などの補給基地や灯台の設置、気象観測点など、重要な役割を担ってきた。さらに排他的経済水域（EEZ）が設定されると、その位置の重要性がますます高まってきた。

島面積（100km² 以上の島）

名　称	面積 (km²)
国 土 面 積	377,955
北 海 道	77,984
本 　 州	227,975
四 　 国	18,301
九 　 州	36,753

都道府県	名　称		面積 (km²)
北海道	択捉島	①	3,183
〃	国後島	②	1,499
〃	色丹島		250
〃	利尻島		182
〃	奥尻島		143
新潟県	佐渡島	④	855
兵庫県	淡路島	⑦	592
島根県	島後（隠岐）		242
山口県	屋代島（周防大島）		128

都道府県	名　称		面積 (km²)
香川県	小豆島		153
長崎県	対馬	⑥	697
〃	福江島		326
〃	中通島		168
〃	平戸島		164
〃	壱岐島		134
熊本県	天草下島	⑧	574
〃	天草上島		225
鹿児島県	奄美大島	⑤	713
〃	屋久島	⑨	505
〃	種子島	⑩	445
〃	徳之島		248
沖縄県	沖縄島	③	1,208
〃	西表島		289
〃	石垣島		223
〃	宮古島		159

＊丸数字は面積の大きい順を示す。　　　　（2012年10月1日）国土地理院「全国都道府県市区町村別面積調」

島の定義　海洋法に関する国際連合条約（1994年11月16日発効）では、「島とは、自然に形成された陸地であって、水に囲まれ、高潮時においても水面上にあるものをいう」と規定されている。(☞ p.97)
　「大陸未満、岩礁以上」というのが島の定義と言っていいだろう。
　しかし、各国がEEZを設定した現在、島か岩礁かの論議は、今も止むことはない。高潮時に水面下に沈む岩礁に人工物を建てたり、小さな岩礁をめぐって対立する国もある。(☞ p.75)

海洋資源　海は、長い間、多種多様な海産物を得る場所だったが、近年は、海底に眠る地下資源に関心が移っている。
　大陸棚や大洋の海盆＊の地下には、石油・天然ガス・メタンハイドレート・レアメタルなど豊富な資源があり、陸上で枯渇しつつある地下資源の新たなフロンティアと考えられている。これらの獲得競争に拍車をかけたのが、EEZの設定と採掘技術の革新的な進歩である。
　絶海の孤島の領有をめぐる紛争の元はまさに海洋地下資源をめぐる争いである。

＊海盆は、円形またはこれに近い形をした深海底の大きな凹地。

日本の範囲を考えてみよう

　日本の最北端は、択捉島カムイワッカ岬である。最南端の沖ノ鳥島と最東端の南鳥島は、はるか太平洋上にある孤島で、最西端の与那国島は、台湾と隣接する。

　地図を見てわかるとおり、日本の領域は、太平洋上に大きく広がっているが、最西端の与那国島以外の島々には、一般の人が渡航することはできない。

　択捉島は、日本固有の島だが、現在はロシアが不法占拠しているため、日本人が立ち入ることは厳しく制限されている。沖ノ鳥島は日本最南端の島で、露岩を浸食から守る消波ブロックで保護され、リーフ上に高床式の観測基盤があるだけである。最東端の南鳥島は、飛行場施設を管理する海上自衛隊の隊員や気象庁、関東地方整備局の職員が交代で常駐しているが、一般人は渡航できない。ともに太平洋のはるか彼方にあるため、領土として意識される機会は少ないが、日本の領域を形成する重要な島々である。

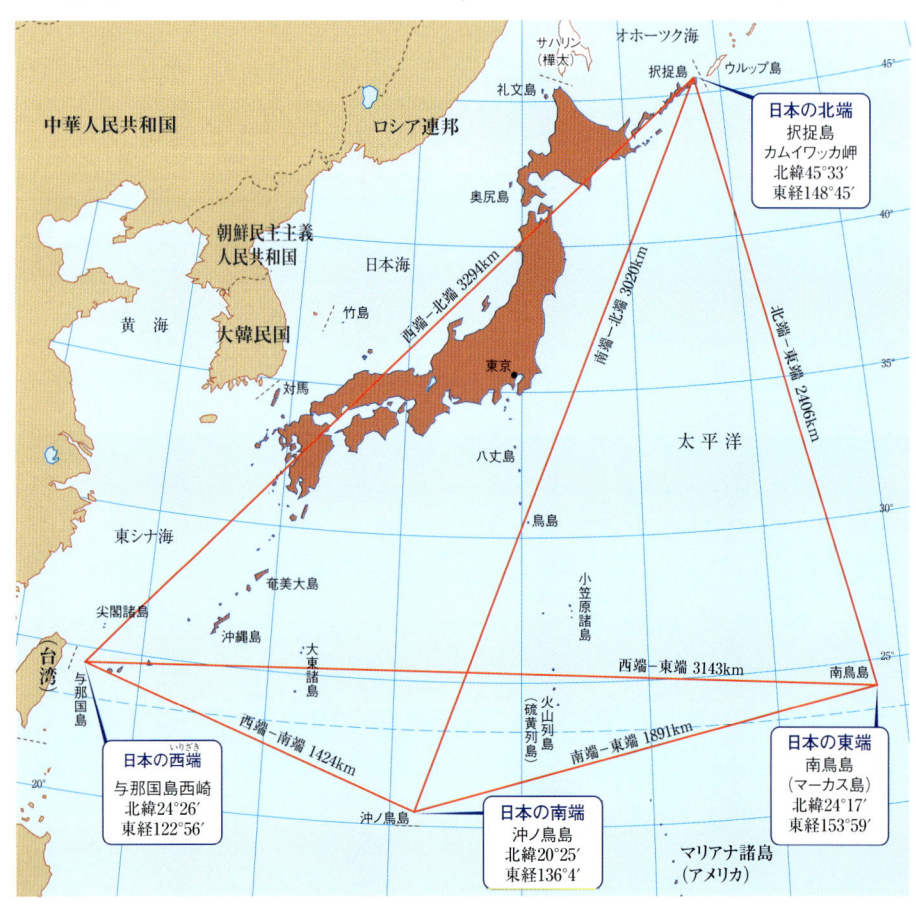

＊日本から肉眼で見ることのできる外国は、宗谷岬からサハリン南端、対馬から韓国のプサン、与那国島から台湾、そしてカムイワッカ岬（択捉島）からウルップ島の4ヶ所。

第2章
領域と国境

エルサレムの旧市街　中央の金色の屋根は「岩のドーム」で、ユダヤ教、キリスト教、イスラム教にとって大切な聖なる岩を祀っている。ここはムハンマド昇天の地であり、ユダヤ教の神殿の跡地でもある。

国とはなんだろう？

「現在、世界にはいくつの国があるのだろう？」ほとんどの人は、国際連合加盟国（2013年6月現在193カ国）にバチカン市国（国連オブザーバー）を加えた194カ国と答えるかもしれない。

しかし、オリンピックやサッカーW杯では、台湾、パレスチナ、プエルトリコ、タヒチなど、国と認められていない多くの地域が参加している。では、国かそうでないかの違いは、どこにあるのだろう。

国として認められるための3条件

国が独立国として認められるためには、**領土・国民・主権（政府）**の3要素が満たされなければならない。また他の国から独立国として認められるかどうかも重要である。例えば、台湾、パレスチナ、西サハラ、コソボ、クック諸島＊は承認しない国があるため、独立国とは認められていない。ただし、パレスチナは2012年、国連でオブザーバー国家になった。

＊日本は、コソボとクック諸島を国家として承認しているが、両国とも国連に加盟していない。

国として認められていない地域

　世界地図を広げると、いろいろな所に独立国として認められていない地域があることに気がつく。白地のまま残された陸地や大洋上に散らばる島々がそうで、自治領や特別行政区と呼ばれている。多くは、かつて欧米諸国によって植民地にされていた地域で、今も独立や領有権をめぐって、旧宗主国や各国の思惑がからみ、紛争を抱えている地域が多い。

自治領　ある国の領土から遠く離れた所にあり、海外県、海外領土などともいわれる。現地住民には本国の国民と同等の権利が与えられている。例として、グリーンランド（デンマーク）、プエルトリコ（アメリカ）、レユニオン（フランス）など。

特別行政区　ある国の領土の一部だが、本国と異なる行政機関が設置され、強い自治権を持つ地域。一国二制度の中国における香港、澳門などが該当する。

領域と国境 — 第2章　23

国の領域とはなんだろう？

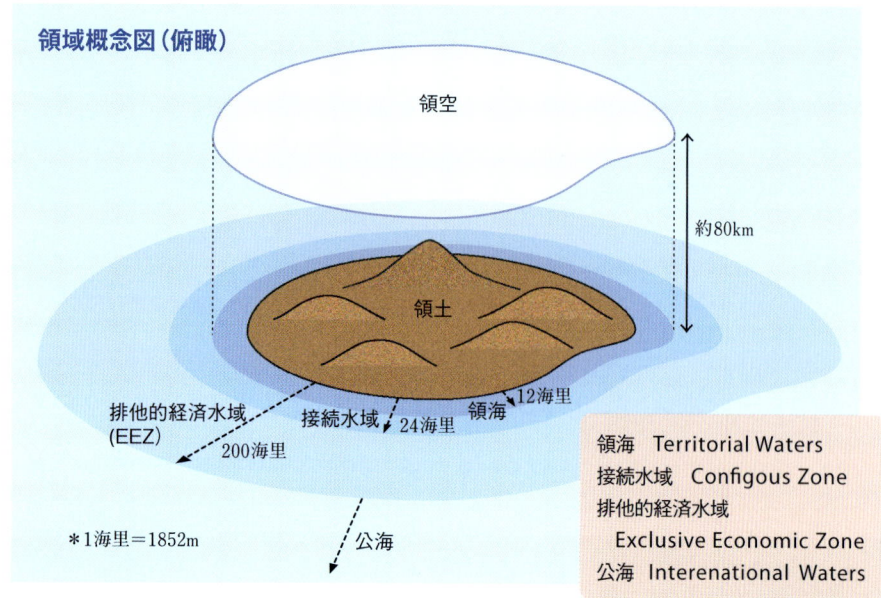

領域 ある国の主権がおよぶ範囲のことで、陸地を領土、周辺海域を領海、領土と領海の上空部分を領空という。

領海 領土の海岸線から一定の距離の海域をさし、「海洋法に関する国際連合条約」（通称・国連海洋法条約、1994年発効）によって、その距離は最大12海里＊までとされている。日本は、原則として基線から12海里（約22.2km）と定めている（海峡など一部の特定海域では3海里）。

18世紀から20世紀の半ばまでの領海は、低潮線（干潮時の海岸線）から3海里（約5.6km）が国際慣習だった。これは当時の大砲の射程距離を基準にしたからである。

しかし、その後、核実験や漁業権をめぐる紛争などで、50海里（約92.6km）から200海里（約370km）までを領海と主張する国が出てくるようになったため、国連海洋法条約によって、排他的経済水域を設定する代わりに、領海を最大12海里と限定することになった。

接続水域 領海の外側12海里以内の水域。この水域は排他的経済水域であるが、沿岸国にとって必要な法規制・通関の取締りを行うことが認められている。

排他的経済水域（EEZ） 領海の外側、沿岸から200海里以内の水域をさし、ここから得られる水産資源や鉱産資源は沿岸国のものにできる。これは、自国の沿岸の海洋資源を利用して経済発展をしたいと考える発展途上国の主張が元になっている。

＊海里は赤道上の経度1分の長さで、国際海里は1852m。船舶の速度を表す1ノットは、毎時1海里の速度。

領域概念図（断面）

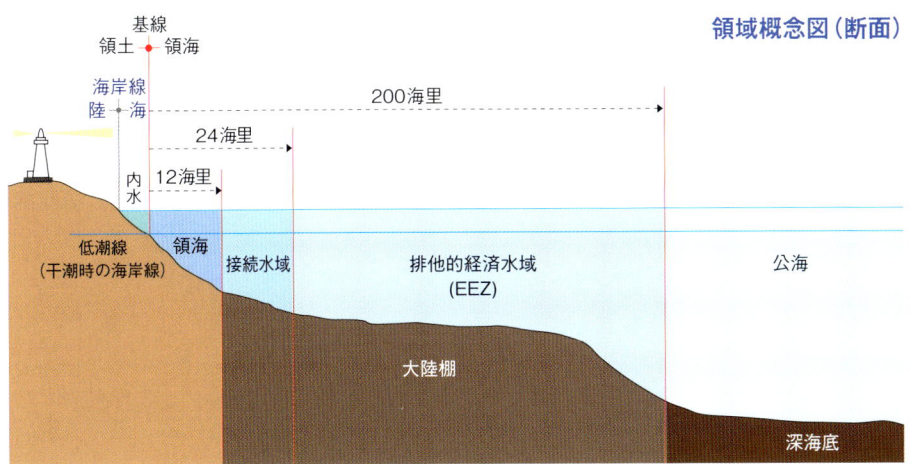

領海と基線

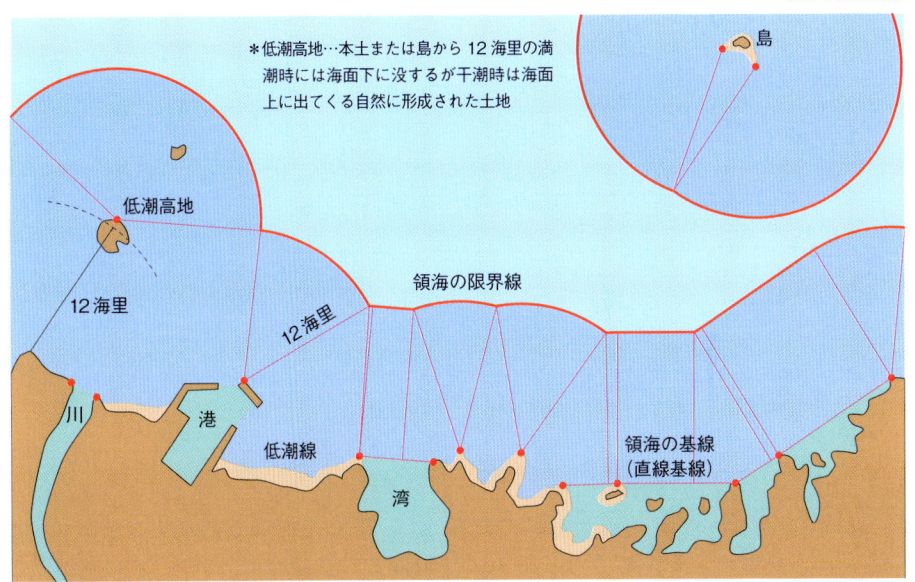

領空の上空を制限する宇宙条約

　領空は、領土と領海の上方空間のことで、領空の上限は無制限だったが、現在は「月その他の天体を含む宇宙空間の探査及び利用における国家活動を律する原則に関する条約」（通称：宇宙条約、1967年発効）で、宇宙空間の領有が禁止されている。

　これによって宇宙空間に属する部分は領空に含まれないことになったが、領空と宇宙空間との境界は大気圏というだけで明確には画定されていない。

領域と国境 ── 第2章　25

日本の領域（領土と領海）

日本の領土と島々　日本の領土は、ユーラシア大陸の東端につらなる北海道・本州・四国・九州の4つの大きな島と周辺にちらばる無数の島々で構成されている。

これらの島々には、人の住まない無人島や絶海の孤島も多く含まれているが、日本の領域という視点で見ると、それぞれが重要な位置をしめている。

日本の領海　日本の領海は、領海及び接続水域に関する法律（領海法1977年）によって、領土の海岸線（基線）から原則12海里（約22.2km）と定められているので、日本の周辺の海上には目に見えないが国境線が引かれている。これは周辺の島々や絶海に浮かぶ孤島も同じことで、外国の船や飛行機が勝手に境界線を越えて領海に入ることは許されない。

5つの特定海域　日本は1977年に領海法を制定し、領海をそれまでの3海里から12海里に拡張した。

しかし、宗谷、津軽、対馬東水道、対馬西水道及び大隅の5海峡は、領海の幅を3海里にとどめ、外国の船舶及び航空機の通過通航ができるようにしている。この5海峡を特定海域といい、ドーヴァー海峡、ホルムズ海峡、マラッカ海峡などの国際海峡の国内版といえる。

領域の侵犯　国の領域は、領土・領海と領空をさすが、これらの領域に、外国の船舶や航空機が許可なく侵入することは、国際法で禁じられている。

ただし、宇宙空間は1967年発効の「宇宙条約」で、領空は大気圏までとされたため、人工衛星や国際宇宙ステーションなどは、領空侵犯にあたらない。

領空侵犯が起こった場合の対応は、国によって異なるが、日本では航空自衛隊の戦闘機が、緊急発進（スクランブル）＊して、注意・警告をして、速やかに領空からの離脱を促すようにしている。

一方、領海侵犯の場合は、対応が異なる。領海では、沿岸国以外の国の船舶も無害通航権が認められているからである。

したがって、領海侵犯を行っている、あるいは領海侵犯の疑いのある外国船舶を発見した場合は、漁業法や出入国管理法などの法律を元に停船命令、臨検などの手続きをとる。日本に対する領海侵犯には海上保安庁が対応しているが、広大な周辺海域に対応するために海上自衛隊との協力も行われている。

日本の領海侵犯事件

九州南海域北朝鮮工作船事件　2001年12月22日、海上保安庁の巡視船が九州南西の喜界島沖のEEZ内で不審船を発見、停船命令を無視して公海に逃走。追尾する巡視船に発砲したため応戦したところ自爆・自沈。

中国原子力潜水艦領海侵犯事件　2004年11月10日、中国海軍の原子力潜水艦が潜航したまま石垣島と多良間島間の領海に侵入。潜水艦の潜航は無害通行に当たらないため領海侵犯として海上警備行動を発令。

＊2012年の領空侵犯に対する緊急発信回数は425回で過去20年で最多となった。

*水道は、陸地が両側に迫って狭くなった海での船の通り道という意味で、海峡と本質的な違いはない。

日本は反対していた排他的経済水域（EEZ）

　1950年代から世界的に盛んになった沿岸諸国の海洋資源保護の動きに対し、遠洋漁業先進国の日本は反対の立場だったが、国連海洋法条約によって、排他的経済水域が設定されると、1977年の「改正領海法」と「漁業水域に関する暫定措置法」によって、水域の範囲を200海里（約370km）に設定した。さらに、1996年「排他的経済水域及び大陸棚に関する法律」によって漁業以外の海中・海底資源に対する権利を追加した。

　これによって、日本のEEZは国土面積の10倍以上に達した。現在、日本は約405万km²もの広大な経済水域をもち、この水域から得られる水産資源や鉱産資源を得られるようになった。

離島によって形成される排他的経済水域

　日本が国土面積の10倍以上もの広大な排他的経済水域をもつことができるのは、南西諸島や小笠原諸島、硫黄島、沖ノ鳥島、南鳥島など、本土から遠く離れた離島のおかげである。しかし、これらの多くは、自衛隊や気象観測などの施設と関係者が住むだけの島や無人島で、EEZを維持するうえで難問をかかえている。

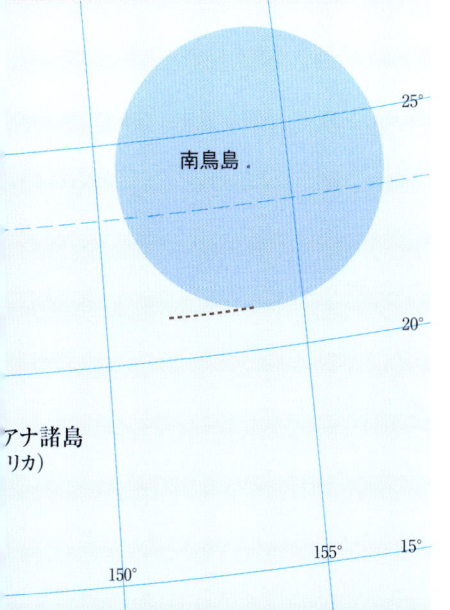

注目される南鳥島

　2012年6月、南鳥島沖の海底で、日本で消費する数百年分の高濃度レアアースの埋蔵が発見された。現在、商用化に向けた技術開発が進められている。

沿岸国の権利と自由通航の確保

　排他的経済水域は、領海200海里を設定していた国の主張を経済的主権に限って認める代わりに、自由航行できる水域を確保するため考案された。この結果、全ての国は、排他的経済水域の航行、上空飛行、海底電線・海底パイプラインの敷設ができるようになった。なお、領海200海里は、1952年にチリ、ペルー、エクアドルの南米3国がサンチャゴ宣言で主張したのが最初である。

領域と国境 ── 第2章　29

世界の排他的経済水域(EEZ)

　世界を見ると、国土面積に比べて広大なEEZをもつ国がある。なかでも、フランス、イギリス、ポルトガルは、大洋上に点在する海外領土をもち、広大なEEZを有している。また、ニュージーランドのEEZも、領有する南太平洋の島々よって広大である。日本も国土の約10倍のEEZをもつ世界有数の海洋大国である。

おもな国の領海とEEZ

領海とEEZを合わせた面積の国別順位

(米国国務省資料ほか)

	国 名	面積(万km²)
1	アメリカ	1135.1
2	フランス	1103.5
3	オーストラリア	1064.8
4	ロシア	756.7
5	カナダ	559.9

	国 名	面積(万km²)
6	日 本	447.9
7	ニュージーランド	408.4
8	イギリス	397.4
9	ブラジル	366.1
10	チ リ	201.8

	国 名	面積(万km²)
11	ポルトガル	172.7
12	インド	164.2
13	アルゼンチン	115.9
14	マダガスカル	122.5
	(参考) 中国	87.7

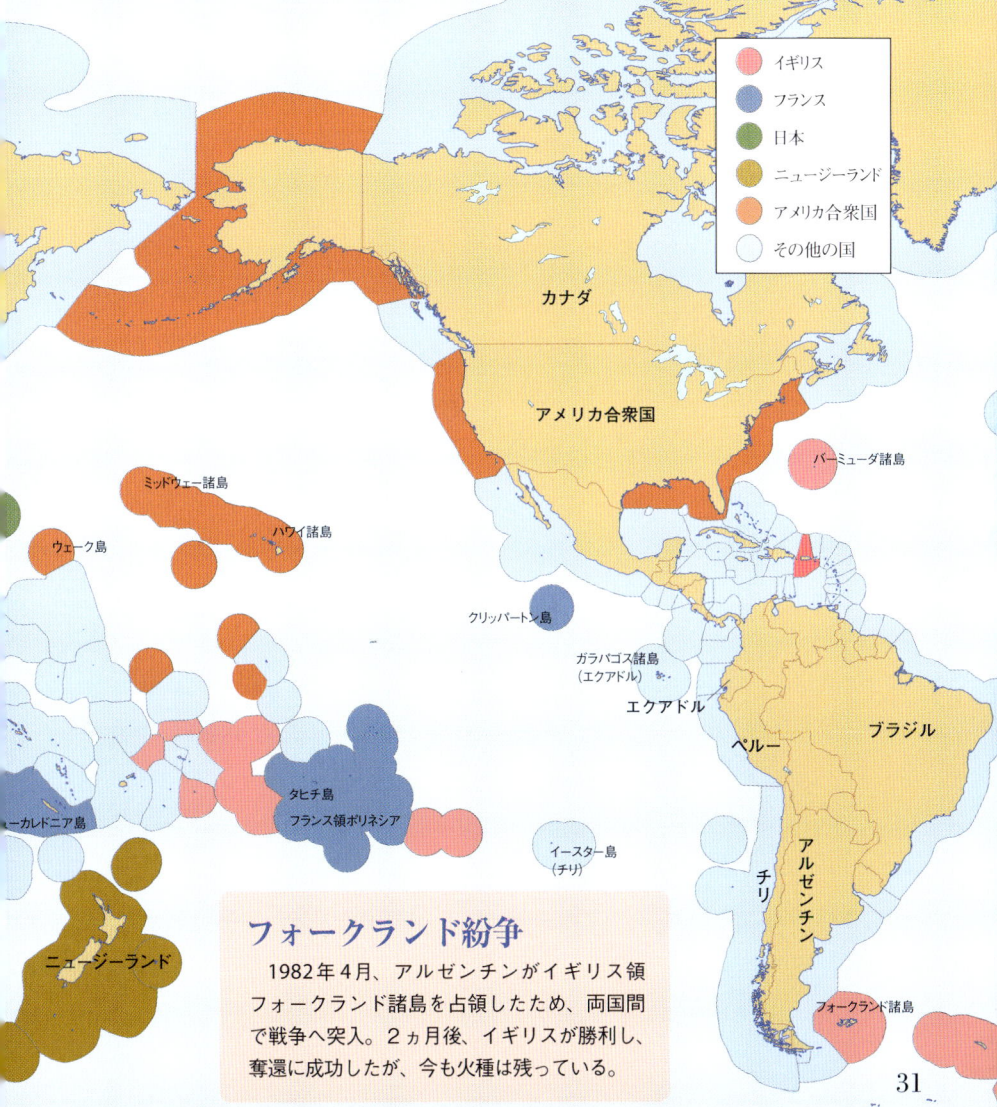

フォークランド紛争

1982年4月、アルゼンチンがイギリス領フォークランド諸島を占領したため、両国間で戦争へ突入。2ヵ月後、イギリスが勝利し、奪還に成功したが、今も火種は残っている。

国境とはなんだろう？

人の自由な往来を拒絶するヒマラヤの山容　山沿いに続く道もやがて峻険(しゅんけん)な山々によって行く手を阻まれる。山脈の向こう側は中国である。（ネパール・エベレスト街道）

曖昧(あいまい)だった国と国との境界線

　古くは、国と国の境界を決めるとき、山や河川などの自然的条件を用いることが多かった。ただし、境界の周辺部の所属は、明確にされることはなかった。

　しかし、17世紀のヨーロッパで、カトリックとプロテスタントの宗教的対立から始まった30年戦争が終結し、ウェストファリア条約（1648年）が締結されると、条約締結国は相互の領土を尊重し内政干渉を控えることを約束した。これによって、主権国家は国境を明確にすることが必要となり、地図上に国境線が引かれることになった。

自然の条件が元になった国境

　山脈・河川・湖沼・砂漠・海峡などの自然物は、往来がしにくいため、古くからしばしば国境として使われてきた。

山脈国境　山脈を境界とした国境で、隔離性に優れるが交易性に劣る。不変性は高い。ピレネー山脈（フランスとスペイン）、スカンディナビア山脈（ノルウェーとスウェーデン）など。

河川国境　河川を境界とした国境で、隔離性に劣るが交易性に優れる。しかし、河川は蛇行(だこう)を繰り返すため不変性が弱く、国境としての質は下る。メコン川（タイとラオス）、コンゴ川（コンゴ民主共和国

中国と北朝鮮の国境を流れる鴨緑江　中朝友誼橋（左・上流側）は鴨緑江第二橋梁で、中国の丹東と対岸の北朝鮮新義州市を繋ぐ鉄道道路併用橋。下流側の鴨緑江断橋（旧・鴨緑江橋梁）は、朝鮮戦争で米軍機に爆撃され、途切れたまま残されている（2008年9月）。

とコンゴ共和国）など。

　リオグランデ（アメリカ合衆国とメキシコ）は蛇行による国境の変化に準じ、国境線の引き直しを行った。

湖沼国境　湖沼を境界とした国境で、隔離性に劣るが交易性に優れる。不変性は不定。チャド湖（チャド、カメルーン、ナイジェリア、ニジェール）、チチカカ湖（ペルーとボリビア）など。

海洋国境　海洋を境界とした国境で、隔離性に優れるが、かつては交易性に劣るとされた。不変性は高い。マラッカ海峡（インドネシアとマレーシア）、ドーバー海峡（イギリスとフランス）など。日本は、周囲を海で囲まれているため、国境はすべて海である。

国境が海や河川の場合の境界線は？

　海を挟んだ両国が遠く離れた位置にあれば、領海や排他的経済水域で問題が生じることはないが、両国の間が近く、領海や排他的経済水域が重なる場合は、その境界線の設定で、しばしば摩擦が起こる。

　国連海洋法条約は、両国の領土から互いに等距離の中間線を国境としている。またドナウ川などの国際河川では、川の主流や川床の最深部をつないだ線が国境となる。

なぜ国境線を引くのだろう？

ベルリンの壁　東西冷戦時代にドイツのベルリンを東西に分断していた壁。1961年8月13日に東ドイツが建設し、1989年11月10日に破壊されるまでの28年間、ドイツ分断の象徴だった。写真はブランデンブルク門前に作られた壁で、壁の向こう側が東ベルリン。(1987年)

人為的国境とはなんだろう

かつて自然物を境界にすることが多かった国境は、やがて多くの国が独立すると、新しい境界として緯線・経線や人工的築造物などを利用するようになった。境界が陸上にある場合は、標柱・標識・柵・壁などを設置し、往来を制限している。

数理国境　緯線や経線を用いた国境で、直線的という特徴をもつ。代表的な例は、北緯49度（アメリカ合衆国とカナダ）、西経141度（アメリカ合衆国アラスカ州とカナダユーコン準州）、北緯22度（エジプトとスーダン）、東経25度（エジプトとリビア）、東経141度（インドネシアとパプアニューギニア）などである。

かつて日本も、1875～1945年に樺太において北緯50度をロシア・ソ連との国境にしていた。

人工的築造物の国境　古代中国における万里の長城やかつて東西ドイツを分断したベルリンの壁などが代表。多くの場合、往来を断つのが目的で、近年、パレスチナでイスラエルが設置している隔離壁は、自国の入植者の安全確保を名目にパレスチナ人の土地を分断している。(ほか p.39)

また、領有をめぐって紛争中の西サハラ

アメリカとメキシコの国境　アメリカからメキシコへの入国は、ほぼ無制限だが、逆は厳しく管理されている。(2010年2月)

メキシコからアメリカへ入国するためには、一人ひとり厳密な入国審査を受けなければならない。(2012年4月)

では、モロッコがイスラエルの協力で建設した隔離壁「砂の壁」が、南北200kmにわたって国土を分断している。

民族・文化を分断する国境　アフリカ大陸は、19世紀から20世紀にかけて西欧列強によって植民地化され分割された。その際、列強間の力関係によって、当事国や民族を無視した国境線が引かれた。

例えば、西アフリカのギニア湾諸国は、どれも細長い短冊状をしている。これは、1884年のベルリン会議で西欧列強と米国、オスマントルコなど14カ国が決めた、海岸を領有すれば内陸部分まで領有できるというルールがあったからである。

また、独立した際も、旧宗主国間の都合で政治的に国境が設定されたため、独立後も民族紛争の火種が残された。

例えば、本来単一国であるべきセネガルとガンビア、ギニアとギニア・ビサオは、宗主国が違うために別々の国になった。

国境未定の地　世界には、現在も明確な国境線が引かれず、紛争の原因になっている地域がある。例えば、中国・インドの国境、エチオピア・エリトリアの国境、スーダン・南スーダンの国境などである。日本の北方領土もその一つである。

領域と国境 ── 第2章　35

厳しい国境とおおらかな国境

南北朝鮮の国境　朝鮮戦争で分断された大韓民国と朝鮮民主主義人民共和国は、1953年の停戦条約調印以降、北緯38度を軍事境界線として停戦状態を継続している。板門店(パンムンジョム)には、軍事停戦委員会（韓国側）と中立国監視委員会（北朝鮮側）の計4施設が置かれ、緊急度を4段階に分けた会議が開かれる。写真正面は、北朝鮮の板門閣、韓国の衛兵が立つ通路の真ん中にある線が軍事境界線である。（2006年1月）

自由な往来を阻む国境

　陸上の国境は、境界線上に柵や壁などの障害物を設置して、自由な往来を禁じている所が多い。国境を往来する必要がある場合は、特別に設置された国境検問所で出入国管理を受けなければならない。

　また、船舶や航空機による国境の往来は、港湾や空港で、出入国管理を受けなければならない。出入国管理の主な目的は、不法滞在の防止、難民の庇護、防犯などであり、ほかに検疫や防疫（特に感染症ウィルスの持ち込み防止）、税関による経済保護で、とりわけ武器類、麻薬、動植物や農作物などの不法持ち込みの遮断である。

　国境を往来できる自由度は、それぞれの国の事情によって異なる。労働ビザ*や定住ビザの発給数や、不法入国者への対応によって、自由度が操作されている。

　おおらかな国境では、これらの自由度が高いが、厳しい国境では、頑丈な壁や鉄条網、地雷原などによって、二重三重に封鎖され、人の往来が許されないだけでなく、正規の出入国の際も厳しい審査が行われる。東西冷戦時代の東欧諸国と西欧諸国の境界などは、その例である。

*ビザには、観光・留学・商用・就労・短期滞在などさまざまな種類がある。

チェコの国境　EU加盟諸国間の国境には、国境を示す道路標識があるだけで、自由な往来を阻害するものはなにもない。(2012年7月)

▼日本のパスポート（一般用）有効期間は、5年用（紺色）と10年用（赤色）の2種類があるが、未成年者は成長で容貌が変わるため5年用しか取得できない。

▼スペインのビザ（左）とルーマニアのビザ（右）ビザは入国許可申請書なので出国前に渡航先の政府機関に申請し発給してもらう。パスポートに貼付したりスタンプして使う。

厳しい国境　一般に厳しい国境は、相互の国が対立して緊張状態にある場合である。韓国と北朝鮮の国境はその例である。また、相互間の経済格差が大きい場合、大量の不法入国者が発生するため、国境線は厳しい管理下に置かれる。

おおらかな国境　ヨーロッパ統合の成果として、現在のEU諸国では国境での出入国管理は廃止されている。通貨も多くはユーロに統合されたため、往来を制限する意味が薄れている。ただし、EUと域外との出入国は、より厳しくなっている。

パスポートとビザ

　外国へ旅行する場合、欠かすことができないのがパスポート（旅券）とビザ（査証）。では、その目的と違いは？

　パスポートは、旅行者の国籍・身分証明書で、出入国管理の記録帳でもある。

　一方、ビザは、渡航先へ入国するにふさわしい人物かどうかを事前判断するための身元審査書。ビザがないと出入国できない国がある一方、欧州連合加盟国同士では、国民はビザ申請をせずに別の国に居住し、就労することが許可されている。ただし、その国の選挙権はない。

領域と国境——第2章　37

国境をめぐる国際紛争

インド・パキスタンの国境　インドのアムリトサルとパキスタンのラホールとの間にある両国の陸路国境で唯一開かれている検問所。毎夕刻に行われる両国の国旗降納式は、見物客で賑わう。（2005年4月）

民族・宗教をめぐる対立

　人種や民族が混交する地域に境界線が引かれると、そこは民族と宗教がぶつかり合う緊張の場所にもなる。
インド・パキスタン　1947年8月イギリス領インド帝国は、独立時、宗教的対立からインドとパキスタンに分裂した。この時、インド北部のカシミールも分離独立を考えていたが、パキスタンが武力介入したため、インドとパキスタンの間で戦争が起こった（第一次印パ戦争）。以後、カ

カシミール地方

アフガニスタン
中国
北部地区（パキスタン支配）
中国支配（1967年、パキスタンが中国に）
境界未確定（インド占領）
アクサイチン（中国支配）
パキスタン
印パ停戦ライン
カルギル
イスラマバード
スリナガル
ジャンム-カシミール（インド支配）
インド

イスラエル・パレスチナ

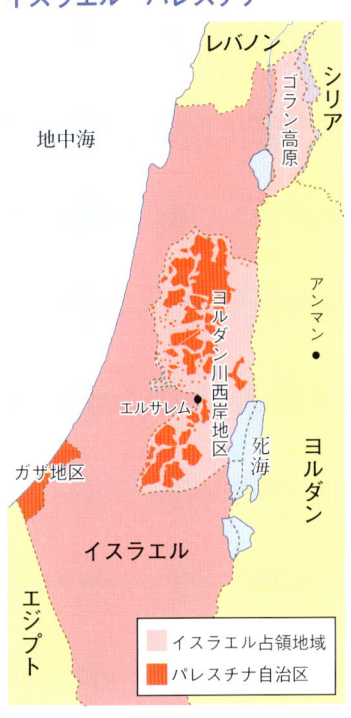

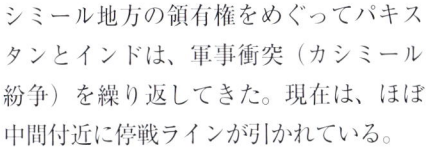

イスラエルがパレスチナ自治区内の入植地に築いた壁。パレスチナ人の土地を分断して造られている。(2008年6月)

シミール地方の領有権をめぐってパキスタンとインドは、軍事衝突（カシミール紛争）を繰り返してきた。現在は、ほぼ中間付近に停戦ラインが引かれている。

パレスチナ　ユダヤ教、キリスト教、イスラム教の聖地で、古くから文明の十字路と呼ばれていたパレスチナに、第二次世界大戦後の1948年5月14日に、ユダヤ人国家・イスラエルが建国を宣言すると、翌日、反発するアラブ諸国との間で第一次中東戦争が勃発した。戦後、戦勝国のイスラエルは国連が決めたユダヤ人の領土をはるかに超えて侵略し領土化した。追い出されたパレスチナ人約70万人は難民となり、国土の回復と独立をめざして活動を続け、両者の間は現在も緊張が絶えない。2012年、パレスチナは、国連でオブザーバー国家に格上げされた。

資源をめぐる対立

山脈、砂漠、海など、自然的国境の境界線付近は、荒涼として人も住まず、境界が問題なることは、ほとんどなかった。

しかし、そこに地下資源が発見されたり、海底資源をめぐる経済活動が活発になると、境界線をめぐって新たな問題が発生するようになった。

サウジアラビア・イエメン　広大な砂漠が広がる両国の間は、アラビア語で「空白地帯」を意味するルブアルカリ砂漠である。何もないので、国境を決める必要はなかったし、砂漠で暮らす遊牧民にとっては、自由に移動できるので、国境線が曖昧なほうが都合がよかった。

しかし、この砂漠で油田開発が始まると状況は一変し、両国は、国境線をめぐって緊張状態に陥った。最終的には話し合いで解決し、現在の国境線に落ち着いた。

領域と国境 — 第2章　39

世界の海の領域をめぐる問題

中国が実効支配する南シナ海の南沙諸島ミスチーフ礁の建造物。(2012年7月16日)[フィリピン海軍提供]
右上は、中国が小さな岩礁も自国の領土として守ることを宣伝した印刷物(インターネットから転載)。
中国はミスチーフ礁以外にも、ベトナムが統治していたジョンソン南礁を奪い、「赤爪礁」と名づけて建造物を建て領有し、中沙諸島のフィリピン領スカボロー礁を「黄岩島」と名づけ領有権を主張している。

離島をめぐる対立

　世界各国が排他的経済水域(EEZ)を設定すると、それまで無視されていた離島や小さな島が注目され、その領有をめぐってしばしば紛争が起こるようになった。

アベス島(カリブ海)　ベネズエラの北方、約500km、ドミニカ国の西、約230km沖合いにあるサンゴ礁の島・アベス島は、海面から陸地がわずかに顔を出す程度の孤島である。

　古くは、アメリカが鳥糞石の採掘をしていたが、1895年にベネズエラが領土に組み込んで以来、実効支配をしている。

　その間、島をバード島と呼んで領有を主張するドミニカ国と論争が起きたが、ベネズエラは島に軍事基地を建設し、人員を配置して支配を強化している。

　付近の海域は、エビやマグロなどの水産資源が豊富にある他、石油や天然ガスなどの埋蔵も喧伝され、東カリブ諸国機構加盟国や付近の島を領有するアメリカ、フランス、オランダも関心を寄せている。

南沙諸島における各国が主張する海域

中国
(台湾)
東沙諸島
西沙諸島
スカボロー礁
中沙諸島
ベトナム
フィリピン
南シナ海
ミスチーフ礁
太平島
南沙諸島
パラワン島
ジョンソン南礁
ブルネイ
マレーシア
周辺国が主張する境界線
中国・台湾
ベトナム
フィリピン
マレーシア
ブルネイ

南沙諸島（スプラトリー諸島） 1970年末に南シナ海沖で油田が発見されて以来、南沙諸島は、ベトナム・中国などが領有権をめぐって争ってきた。1982年に国連海洋法条約が採択されると、フィリピン・マレーシア・ブルネイなどの沿岸諸国も領有権を主張するようになった。

1992年、中国が一方的に南沙諸島の領有を宣言したが、台湾やフィリピンなども島を領有し、中国と対峙している。最大の島・太平島は台湾が領有。（☞ p.75）

海底に眠る貴重な資源

石油・天然ガス 近年発見された油田はほとんど海底で、現在、世界の原油産出量の4分の1以上を海底油田が占めている。

メタンハイドレート 水深500メートルより深い海底のさらに数百メートル下の地層にある。日本近海には、日本が消費する天然ガスの100年分が埋蔵されているという。2013年、愛知県沖で試掘に成功した。

その他、水深4000～6000メートルの海底に、砂利を敷き詰めたように転がっているマンガン団塊や金や銀、銅、亜鉛、鉛を含んでいる地層、海底熱水鉱床などがある。

日本の海の領域をめぐる問題

　日本の排他的経済水域（EEZ）は、約405万km²で、国土面積の約10倍にもなる。この水域は、国土の狭い日本にとって大きな資源だが、その範囲をめぐって隣接する国との摩擦も発生している。

北方領土問題　北方4島は、第二次世界大戦終結以来、ソ連・ロシアの不法占拠が続いている。そのため、北方4島の沿岸を取り巻く日本のEEZは、ロシアの海域警備行動により、日本の漁船は日露漁業協定による厳しい規制のもとでのみ入域・操業が認められている。（☞ p.48）

竹島問題　竹島は1905年に日本領に編入されて以来、国際的に承認された領土だが、太平洋戦争後、韓国が不法占拠している。付近の海域は、新日韓漁業協定によって暫定水域とされたが、実質上、日本の漁船の操業はできない。（☞ p.56）

尖閣諸島問題　1895年の領土編入以来の日本の領土だが、現在も一般人の立ち入りは禁じられている。1997年に新日中漁業協定が締結され、尖閣諸島の北方海域は暫定水域とされているが、中国・台湾の不法操業船が跡を絶たない。（☞ p.71）

沖ノ鳥島　日本最南端にあるサンゴ礁島。EEZを維持するために北小島と東小島は、浸食防止の対策がされている。近年、中国や韓国などから、沖ノ鳥島を島と認めず、日本のEEZは無効との抗議が頻発している。（☞ p.74）

錯綜する海の境界線

　日本海から東シナ海に続く海域は、日本と韓国、中国との距離が短いため、排他的経済水域（EEZ）を200海里に設定することはできない。そのため2国間のEEZの中間線を境界としているが、この海域には竹島と尖閣諸島があるため、中間線の設定を難しくしている。

　また、中国は大陸縁辺部では最大350海里のEEZを主張できるという国連海洋法条約を元に、中間線を大きくはみ出した境界線を主張して譲らない。

問題の多い漁業協定

　日本と韓国、日本と中国の権利が激しくぶつかる海域で、両国の漁業関係者が安全に操業できるよう結ばれたのが漁業協定であるが、実際は多くの問題を抱えている。

新日韓漁業協定　1965年の日韓漁業協定の後、1999年1月に発効。EEZの設定と竹島問題の現実的対応として暫定水域を設置したところに特徴がある。

　しかし、この暫定水域は、竹島を韓国領と仮定したよりも日本側に大きく食い込んでおり、日本側からは不平等との批判がある。

新日中漁業協定　1975年の日中漁業協定に次いで1997年に締結。中国と韓国がEEZを主張した結果、それまでの日中の特定漁区だった黄海が消滅し東シナ海のみとなった。また、尖閣諸島の北方は暫定措置水域とし、いずれの国の漁船も相手国の許可なく操業することができるが、各国は自国の漁船についてのみ取締権限を有するため、相手国の不法操業船は取り締まることができない。

日本海・東シナ海の境界と漁業水域

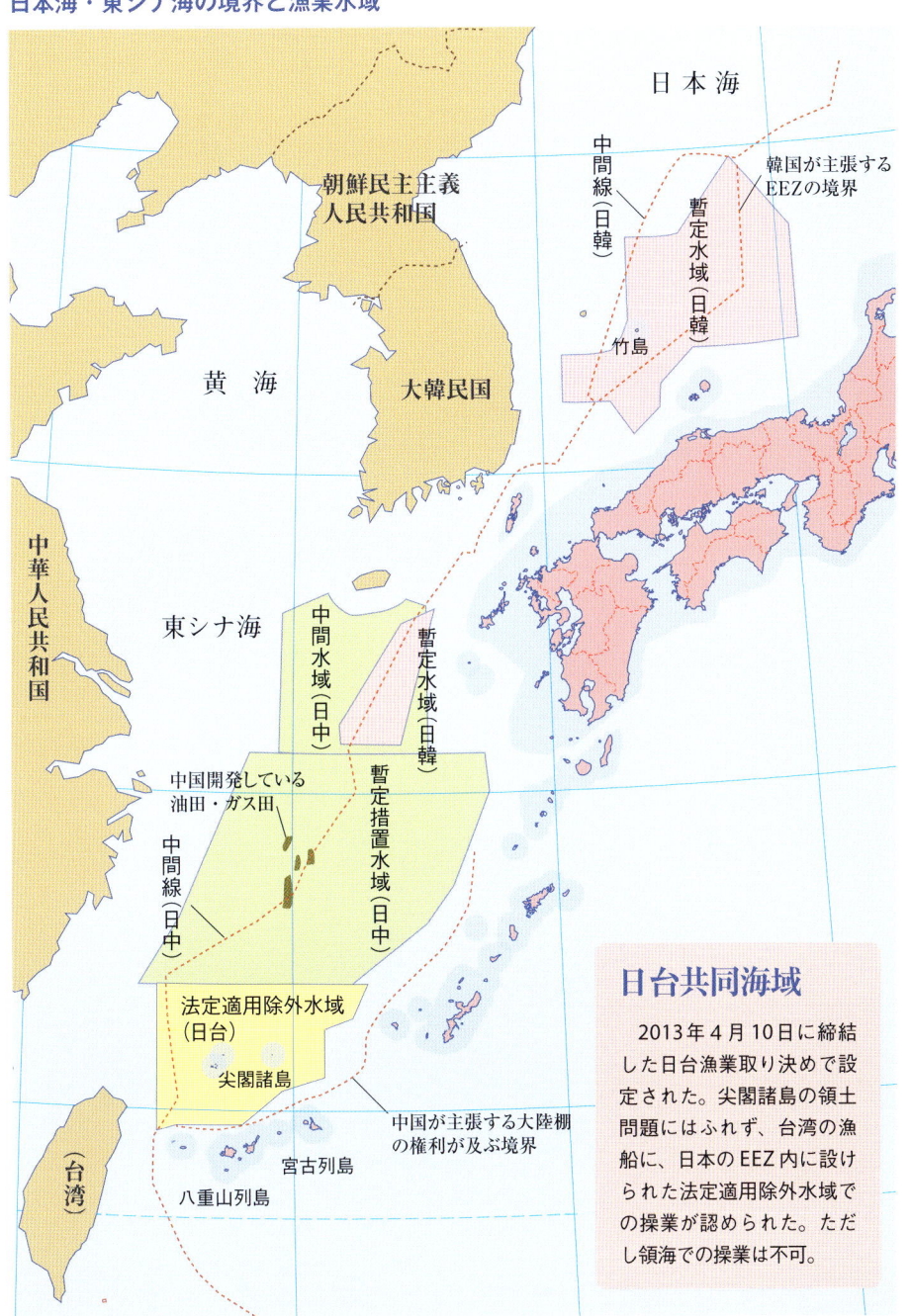

日本海

朝鮮民主主義人民共和国

中間線（日韓）

韓国が主張するEEZの境界

暫定水域（日韓）

竹島

黄海

大韓民国

中華人民共和国

東シナ海

中間水域（日中）

暫定水域（日韓）

中国開発している油田・ガス田

暫定措置水域（日中）

中間線（日中）

法定適用除外水域（日台）

尖閣諸島

中国が主張する大陸棚の権利が及ぶ境界

宮古列島

八重山列島

（台湾）

日台共同海域

2013年4月10日に締結した日台漁業取り決めで設定された。尖閣諸島の領土問題にはふれず、台湾の漁船に、日本のEEZ内に設けられた法定適用除外水域での操業が認められた。ただし領海での操業は不可。

領域と国境 — 第2章

国際司法裁判所はどんなところ?
International Court of Justice

　国境線や領土問題など、国家間の紛争を平和的に解決するために作られた国際司法裁判所(略称ICJ)は、国際連合の主要な司法機関として1946年に設立された。本部はオランダのハーグに置かれている。

国際司法裁判所の主な特徴
①裁判所は、原則として常に開廷する。
②当事者になれるのは国家だけである。
③裁判は当事国同士が同意した場合のみ行われる。
④裁判は、国際法で行われる。
⑤判決は絶対で、裁判の上訴はできない。

　裁判は原則として当事国同士が同意した場合のみ行われるため、これまでも裁判で解決した紛争はわずか8例に過ぎない。

国際司法で解決された主な事件
クリッパートン島事件　メキシコの太平洋沖に浮かぶ絶海の孤島は、1858年にフランスが領有を宣言しフランス領となったが、後にメキシコが領有権を主張して裁判となり、1931年の判決でフランス領と認定された。
　この判決で「主権の表示を残さなくても、布告・通告・公布・新聞による公表で領有は成立する」ことが国際法の慣例となった。

パルマス島事件　フィリピンミンダナオ島のサン・オーガスチン岬南方にある孤島の領有権をめぐって、アメリカとオランダが争った。1928年に常設仲裁裁判所はオランダ領と確定した。以後、平和的行政権の行使が島の領有権を左右する例として、国際判例に大きな影響を与えた。その代表例がエクレオ島・マンキエ島事件である。ノルマンディー半島付近にある両島の領有権をめぐって、1950年に英仏がICJに提訴したが、判決はイギリスによる司法権、立法権、地方行政権の行使を評価し、イギリス領と認定した。

プレア・ビヒア寺院事件＊　カンボジアがタイ国境にある寺院と周辺地域の帰属を提訴。

海の境界は大陸棚か中間線か
　EEZの境界線を大陸棚にするか両国経済水域の中間線にするかについては、これまでもICJで争われてきたが、1985年のリビア・マルタ大陸棚事件は、従来の大陸棚説ではなく中間線説を支持したことで、その後の国際法に大きな影響を与えた。その後の複数の判例も、中間線を支持している。

国際法と領土問題
　国際法は、17世紀、オランダのグロティウスが国家間にも法による秩序の確立が必要と訴えたことが契機となり、その後、いくつもの会議を経て、国家間の約束事が成文化されたものである。
　国際法に基づいて行われた国際司法の判例から領土問題を見ると、領有権の公表とその時期、平和的行政権の行使、EEZの境界は中間線などが重視されている。

＊プレア・ビヒア寺院事件はカンボジアが勝訴したが、判決の一部に問題があった事件として記憶されている。

第3章
国境を形成する島めぐり

尖閣諸島のひとつ大正島。魚釣島の東方130kmの絶海に屹立する断崖絶壁の島。
1895年の日本領編入以来の国有地で、かつては沖縄米軍の空対地爆撃の演習に使用されていた。

国境を形成する島 ❶

北方4島 （北海道）

国後島（根室支庁）
◎面積：1498.56km² ◎人口：7,364人*1

　知床半島と根室半島の間に位置し、野付崎からは16kmしかない。島名の由来にはアイヌ語のクンネシリ（黒い島）、キナシリ（草の島）の2説ある。

　江戸時代に日本人が来島し、1754年には泊に交易場を開いた。その後、日本人の搾取に対しアイヌの反乱が起こると、松前藩が鎮圧し支配下に置いた。

　1792年、ロシア使節ラクスマンの根室来航を機に、幕府は直轄地にして北方警備に備えた。（☞ p.88）

　明治以降はコンブ・サケ・カニ・ナマコ漁で賑わい、不凍港の古釜布港は北洋漁業の中継地、缶詰製造で栄えた。また、畜産業、金・銀・硫黄・硫化鉄などの採掘も行われ、1945年8月末のソ連軍侵攻までは多くの日本人が生活していた。

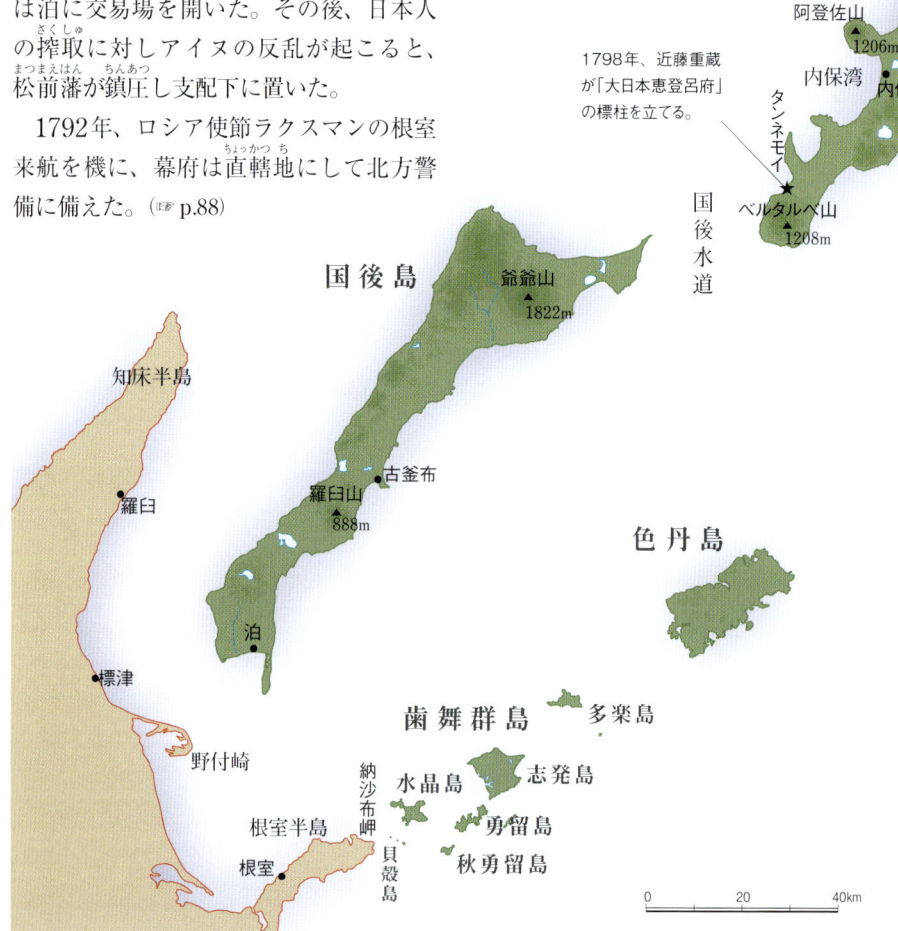

1798年、近藤重蔵が「大日本恵登呂府」の標柱を立てる。

択捉島

神威山 1322m
茂世路山 1124m
散布山 1587m
紗那
小田萌山 1208m

択捉海峡

ウルップ島

日魯通好条約（1855年）による国境

択捉島（根室支庁）
◎面積：3182.65km² ◎人口：3,608人*1

　国後島の北東約22kmに位置する千島列島最大の火山島。全長は203kmもあり、1000m級の山々が連なる。島名の由来はアイヌ語のエトゥオロプ（岬のある所）。

　1635年には、松前藩が作成した地図に記載された。その後、オランダ人やロシア商人などが来島したが、1798年、北方情勢に危機感をもった幕府が近藤重蔵を派遣し、「大日本恵登呂府」の標柱を建てた。

　1855年、日魯通好条約によって国境が定められると、択捉島以南が日本領として確定した。サケ、マスなどの水産資源や金・銀・硫黄鉱などの鉱物資源に恵まれ、明治以降、水産業・林業・鉱業・毛皮獣飼育で栄えたが、第二次世界大戦以後はソ連・ロシアが不法占拠している。不凍港の単冠湾は、真珠湾攻撃の際に日本海軍機動部隊が集結、発進した場所である。

歯舞群島（根室支庁）
◎面積：98.26km²*2 ◎人口：5,281人*1

　根室半島の北東約95kmに点在する島々。歯舞の由来はアイヌ語のハアプオマイ（流氷が退くと小島がそこにある所）。

　無人の島だったが、1807年に幕府の直轄地になると出稼ぎ労働者が島に渡ってコンブ漁を始めた。明治になると、コンブや海苔、ホタテ貝の採取、タラなどの沖合漁業が盛んになり定住が始まった。勇留島や志発島、多楽島では馬の放牧も盛んだった。貝殻島では、日本が1937年に建設した灯台が今も使われている。

色丹島（根室支庁）
◎面積：250.16km² ◎人口：1,038人*1

　北海道根室半島の東、歯舞群島の多楽島から北東へ約20kmの位置にある丘陵の島。島名の由来はアイヌ語のシコタン（大きな村）。

　南北両岸には天然の良港が多く、明治半ばから日本人が定住しコンブ・サケ漁に従事した。大正から昭和の初めには捕鯨基地などもできて賑わった。

*1　1945年8月15日時点の日本人居住者数
　　（千島歯舞群島居住者連盟調べ）
*2　志発島・水晶島・多楽島・勇留島・秋勇留島の合計。

国境を形成する島めぐり ── 第3章　47

北方領土をめぐる問題

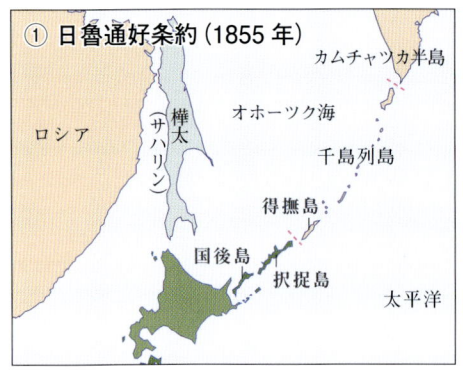

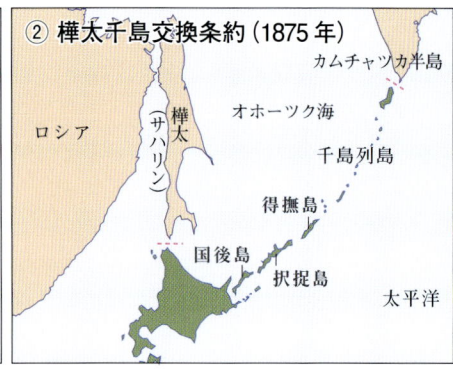

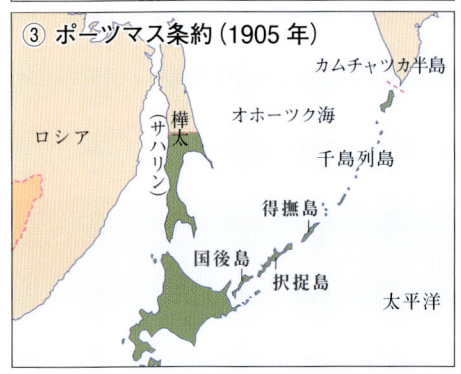

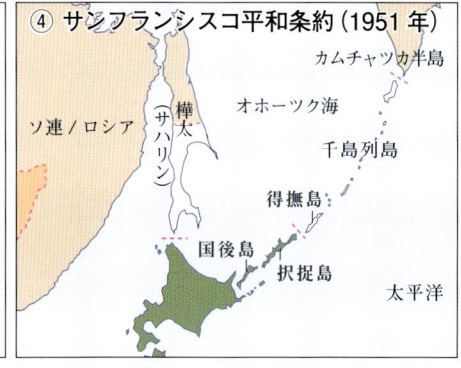

① 日魯通好条約（1855年）

② 樺太千島交換条約（1875年）

③ ポーツマス条約（1905年）

④ サンフランシスコ平和条約（1951年）

何度も引き直された国境線

　北方領土は、千島列島の南端部、択捉島・国後島・歯舞群島・色丹島の4島をさす。

　18世紀半ば頃から先住民のアイヌ、日本人、ロシア人が混住する千島列島に国境が引かれたのは、1855年のことである。ペリー来航によって開国をした徳川幕府は、ロシアと日魯通好条約を結ぶと、択捉島と得撫島の間を日露国境とし、樺太は両国民の雑居地と決めた。

　以後、北方4島には多くの日本人が移り住み、漁業や林業、鉱業などに従事し、約1万7千人が生活をしていた。

　島民の生活が一変したのは、太平洋戦争末期のことである。1845年8月9日、ソ連は日ソ中立条約を一方的に破棄し参戦した。8月15日、日本はポツダム宣言を受諾し無条件降伏をしたが、ソ連軍は、8月18日から千島列島への攻撃を開始し、9月5日までに北方4島を占領した。

　1951年、日本はサンフランシスコ平和条約によって、千島列島と南樺太の権益を放棄した。その時、北方4島は、放棄した領土に含まれていなかったにもかかわらず、返還されることなくソ連・ロシアの不法占拠が続いている。

国後島古釜布港　かつて北洋漁業の中継地として栄えた古釜布(ふるかまっぷ)(ロシア名ユジノクリリスク)には、ソ連軍が侵攻するまで多くの日本人が暮らしていた。現在も国後島の中心地である。

択捉島紗那(しゃな)の内岡(なよか)港岸壁と散布山(ちりっぷやま)(択捉富士)　紗那(ロシア名クリリスク)は、江戸時代に日本人が開いた場所(交易所)。内岡港は、択捉開発の拠点として港湾の整備が進められている。

北方領土返還交渉のあゆみ

　第二次大戦後、日本とソ連は国交が途絶えたままで、領土返還交渉も行えなかった。
　国交が回復したのは1956年の日ソ共同宣言である。この時、ソ連は歯舞群島及び色丹島を日本に返還することに同意したが、引渡しは平和条約締結後とされた。
　その後、1991年の日ソ共同声明で、平和条約で解決すべき領土問題が北方4島であることが確認され、ソ連崩壊後の1993年には、東京宣言で北方4島の帰属問題のための交渉指針が示され、日ソ間のすべての国際約束が、日ロ間で引き継がれることが確認された。
　しかし、クラスノヤルスク合意(1997年)、川奈合意(1998年)、イルクーツク声明(2001年)、日ロ行動計画(2003年)などの交渉でも領土問題が大きく進展することはなかった。

今も残る帰属先未定の地

　かつて日本が領有していた南樺太と北千島、南シナ海の新南群島(南沙諸島、スプラトリー諸島)は、サンフランシスコ平和条約で日本が放棄したが、その帰属先は今も未定のままである。現在、南樺太と北千島はロシアが実効支配し、新南群島は、その領有をめぐって周辺諸国が対立している。

国境を形成する島 ❷
礼文島・利尻島・奥尻島（北海道）

礼文島（礼文町）

◎面積：80.95km² ◎人口：3,078人

　稚内の西方約52kmに浮かぶ南北に細長い島。島名は、アイヌ語のレプンシリ（沖の島）に由来する。

　江戸時代の前期に松前藩が漁獲物の水揚げ地として開拓し、17世紀の後半には松前藩の支配下に置かれた。明治になると小樽からの利尻・礼文航路が開かれ、ニシン漁で賑わった。現在は、コンブ・ウニを中心とした漁業・水産加工業と夏季の観光業が主な産業である。礼文水道を挟んで利尻島と航路がある。

*マクドナルドは、1849年4月に帰国し、『日本回想記』を記すなど終生、日本を愛した。

利尻島（利尻富士町・利尻町）

◎面積：182.16km² ◎人口：5,627人

　稚内の南西約40km、礼文島の南約10kmに位置するほぼ円形の火山島。島名はアイヌ語のリー・シリ（高い島）に由来。20万年前の火山活動でできた島だが、有史以来火山活動の記録はない。江戸時代に松前藩の支配下に置かれていたが、1806年ロシア使節レザノフの部下フヴォストフによる襲撃事件が発生したため、幕府は直轄領とし、会津藩や秋田藩に警固させた。また、幕末の長崎で日本初の英語塾を開いたアメリカの捕鯨船員マクドナルド*が1848年に漂着した島としても知られている。

　明治期にはニシン漁が最盛期を迎え、現在も水産業が主体である。

奥尻島（奥尻町）

◎面積：142.75km² ◎人口：3,033人

　北海道南西部の渡島半島から約18km沖に位置する島。島名は、アイヌ語のイクシュンシリ（向いの島）に由来。古くはアイヌがオットセイ漁に通う島だったが、江戸時代に松前藩の支配下に置かれた。明治になると、ニシン漁が盛んになり、特に1881年ころから約10年間は、ニシン漁黄金時代とよばれ、秋田や青森から数百名もの漁期雇夫（ヤン衆）が来住した。その後、ニシン漁は衰退したが、魚介類に恵まれ、現在も漁業が盛んである。

黒船来航の50年前に起こった「北の黒船事件」（文化露寇）

　18世紀末頃から、蝦夷地（北海道）近海にはロシア船がたびたび現れるようになった。なかでも、1804年に長崎に来航したロシア使節レザノフが、開国を拒否されたため行った報復行為は、北の海を激震させた。レザノフは、1806年9月、部下のフヴォストフに命じ、武装商船2隻を樺太に上陸させ、松前藩出張所を襲撃した。これに対し、幕府は1807年3月に蝦夷地全域を幕府直轄地として警備を固めた。

　しかし、ロシアは4月に択捉島紗那と内保に上陸し、南部藩・津軽藩の会所を襲撃、藩士6人を捕虜にした（紗那事件）。また5〜6月には礼文・利尻島周辺の船を襲撃し、利尻島に上陸して、捕虜8人を釈放して帰国した。

　幕府は、同年12月に「ロシア船打ち払い令」を出し、北方警備を強化した。（☞ p.88）

国境を形成する島 ❸

佐渡島・粟島（新潟県）

佐渡島（佐渡市）
◎面積：854.53km² ◎人口：62,727人

新潟市の北西約45kmにある日本海最大の島。

大化改新後、佐渡国が置かれ、中世には、本間氏、上杉氏と支配者が交代したが、江戸時代に佐渡金山が発見されると幕府の直轄地となった。佐渡金山は国内一の金産出量を誇り、幕府の財政を支えたが、江戸末期頃から衰退し1951年に商業採掘は終了した。

古くから海上交通の要衝であり、7世紀末に興った渤海と日本の間で盛んに交流が行われたため、たびたび交易船が寄港した。また、荒れた日本海で遭難も多く、6世紀に粛慎、8世紀には、渤海使ら75人が漂着した。

江戸時代になると西廻り航路が整備され、北前船の寄港地となった。

粟島（粟島浦村）
◎面積：9.78km² ◎人口：366人

新潟県の村上市の沖約35kmにある漁業の盛んな島。縄文時代から人が住み、中世以降、しばしば領主が交代した。1964年の新潟地震で、島全体が約1mも隆起したため島の水田は壊滅した。

国境を形成する島 ❹
舳倉島（石川県）

舳倉島（輪島市海士町）
◎面積：1.2km² ◎人口：144人

　能登半島の北方50kmに浮かぶ長卵形の平らな島。絶海の孤島。

　島の歴史は古く、弥生時代の遺跡が出土する。周囲の海域は、対馬海流が洗う好漁場であると同時に古代から海上交通の要衝だった。

　江戸時代から、夏季の漁期のみ島で暮らす季節定住者（島渡り）がほとんどだったが、近年は定住者が増えている。海女によるアワビ、サザエ、ワカメ、テングサなどの採集漁業が有名。

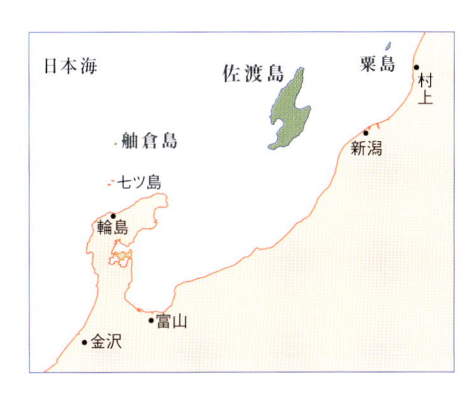

渤海使のルート

　698年に沿海州に成立した渤海は、唐・新羅との対抗上、日本との交流を求め遣日使を送り、日本も送客使を送った。渤海使は都の鴻臚館や越前や能登の客院に滞在し厚遇された。渤海使の来航は34回にも及び、貂・虎などの高級毛皮・朝鮮人参・蜂蜜など大陸文化がもたらされた。日本も計13回の遣渤海使を送った。

遠流の地，佐渡島

　流罪は、刑が重いほど都から遠くへ流された。佐渡に最初に流されたのは官吏・万葉歌人の穂積朝臣老で、元正天皇の即位を批判した罪で、722年流刑となった。以後、佐渡は遠流の地とされ、順徳上皇、日蓮、日野資朝、世阿弥などが続いた。流人達は政治犯が多く、彼らは佐渡に都の文化をもたらした。そのため、江戸時代には能舞台が200を超えるなど、古浄瑠璃、文弥人形、のろま人形、説教人形、獅子舞など独自の文化が育まれた。

渤海使の主なルート（8〜10世紀）

国境を形成する島 ⑤

隠岐諸島・竹島（島根県）

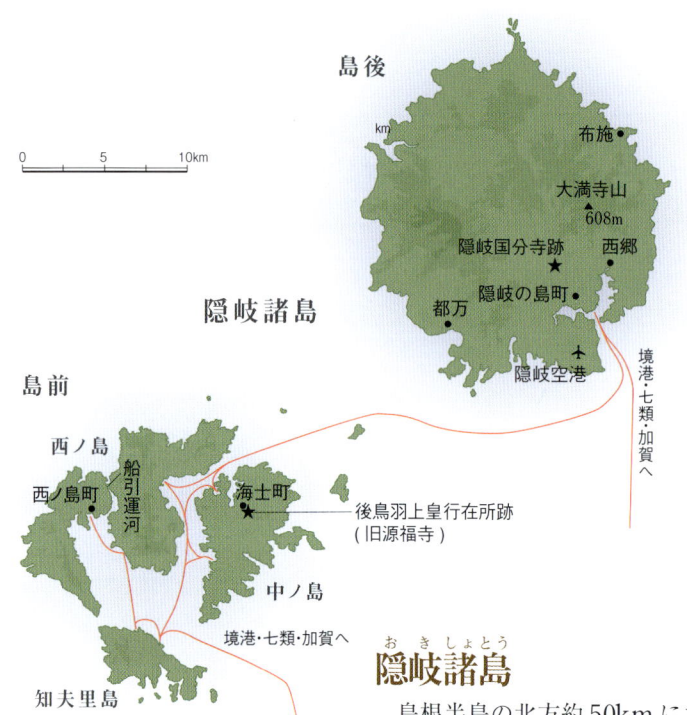

隠岐諸島

　島根半島の北方約50kmにある群島で、北から島後、中ノ島、西ノ島、知夫里島の4島を中心に約180の無人島からなる。古代には隠岐国が置かれ、中世には隠岐氏、吉川氏の支配を経て、江戸時代は、松江藩の預かり地となった。

　古くから朝鮮半島や沿海州からの漂着民が多く、8世紀には渤海や新羅との交流もあった。江戸時代に西廻り航路が開発されると、北前船の風待ちや補給港として重要な位置をしめた。

　また、724年に遠流の地と定められ、小野篁、伴健岑、藤原千晴、平致頼、源義親、後鳥羽上皇、後醍醐天皇、飛鳥井雅賢らが配流された。流人たちの貴族文化と北前船がもたらした文化が融合した独自の文化が今も残る。

54

島後(とうご) (隠岐の島町)
◎面積：241.64km² ◎人口：15,521人

　隠岐群島最大の島。ほぼ円形に近い火山島で約80%を森林が占めてる。18世紀に西廻り航路が開発されると、西郷港は北前船の風待ちと補給港として賑わった。

中ノ島(なかのしま) (海士町)
◎面積：32.37km² ◎人口：2,374人

　隠岐群島の島前3島のひとつ。島前は、古の外輪山の跡で、3島が囲む内海は噴火口。中ノ島は1221年、承久の乱で敗れた後鳥羽上皇(ごとば)が配流され、崩御(ほうぎょ)するまでの19年間を配所（源福寺）で暮らした。

西ノ島(にしのしま) (西ノ島町)
◎面積：55.86km² ◎人口：3,136人

　島前3島の西に位置する島。1332年、後醍醐天皇が配流された島といわれている（後醍醐天皇の配流地は島後説もある）。島の南部は穏やかな良港で、北部は荒海だが好漁場である。1915年、島の中央部に船引(ふなびき)運河が開削(かいさく)され、内海から北部の漁場へ航行が容易になった。

知夫里島(ちぶりじま) (知夫村)
◎面積：13.02 km² ◎人口：657人

　隠岐群島南端の島。全島一村という形態が古代から現代まで続いている。

竹島(たけしま) (隠岐の島町)
◎面積：0.23km² ◎人口：（韓国の警察官が常駐）

　隠岐群島の北西157km、韓国の鬱陵島(ウルンド)から東南東へ約87kmの海域にあり、東西の2主島（東島・西島）と数十の岩礁からなる。常住には適さないが、周辺海域は対馬暖流とリマン寒流が洗う好漁場のため、江戸時代から日本と朝鮮の漁民がしばしば遭遇(そうぐう)した。

　当時から鬱陵島は朝鮮領との認識が日朝双方にあったが、鬱陵島を竹島と、竹島を松島と呼んでいたため、その後の領土議論で混乱を招く一因になっている。

　また松島（竹島）は、1849年に欧米の地図に、発見したフランスの捕鯨船名にちなんでリアンクール島と記載されため、リャンコ島（ヤンコ島）とも呼ばれた。

　明治になると、ニホンアシカの繁殖地だった松島（リャンコ島）は、アシカ猟*を行いたいと願う隠岐島民によって、日本領への編入および借用が陳情された。明治政府は調査の後、1905年1月28日、松島を日本領とし、松島やリャンコ島と呼ばれていた島を「竹島」と命名し、2月22日に島根県に編入し、公表した。

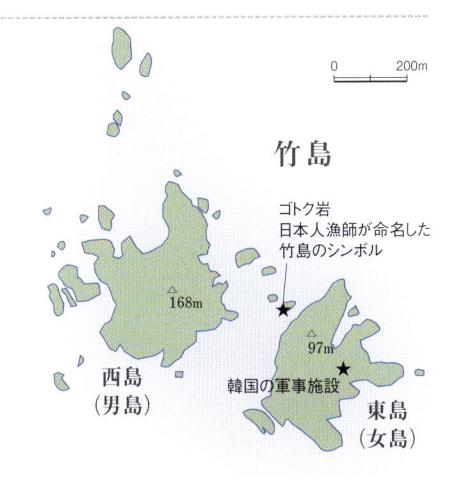

---

*アシカは、肉から油脂を採り、表皮は革製品とし、特定の部位は漢方薬に用いた。

竹島をめぐる問題

竹島・東島の人工岸壁に溢れる韓国人観光客　「安保観光」から「愛国観光」への韓国政府の方針転換のもと、欝陵島から500人乗りの観光船が就航し、竹島を訪れる観光客は累計100万人を越える。岸壁に設けられたケーブルカーは山頂の軍事施設への物資輸送用である。

領有権をめぐる日韓両国の対立

　竹島は、1905年に日本領に編入されて以来、国際的に承認された日本固有の領土だが、太平洋戦争後の経緯によって、現在は韓国が不法占拠をしている。

　太平洋戦争後の1948年、日本の植民地だった朝鮮半島には、朝鮮民主主義共和国と大韓民国の二つの国家が生まれた。大韓民国の初代大統領・李承晩は、サンフランシスコ平和条約で日本が放棄する領土に竹島を含めるようアメリカ政府に要求したが、受け入れられなかった（ラスク書簡）ため、平和条約発効直前の1952年1月18日に、竹島の領有を宣言した。さらに自国の海洋資源を保護するという名目で公海上に境界線（李承晩ライン）を引き、300隻以上の日本漁船を拿捕し、約4,000人の日本漁民を抑留した*。

　1965年、日韓の国交回復にともない、日韓漁業協定が締結され李承晩ラインは消滅したが、韓国の竹島の不法占拠は続いた。1998年、新日韓漁業協定が締結されたが、竹島問題は未解決のまま残された。日本は、竹島の領土問題を国際司法裁判所で解決することを提案しているが、韓国は拒否し続けている。(☞ p.101)

*被害は、死者8人、負傷者36人、拉致・監禁された日本漁民3929人（最長13年）、強奪された船舶328隻。

竹島の重要性

　竹島の帰属は、日韓両国の排他的経済水域（EEZ）の境界線を大きく左右するため、水産業と水産資源の確保の観点から非常に重要である。また近年、海底資源開発の観点からも注目されている。

　1998年に締結した新日韓漁業協定では、竹島周辺海域は暫定水域として、日韓両国の漁業操業を認めることになったが、暫定水域の境界線は日本側に大きく入り込み、韓国漁船の漁場占拠、乱獲、違法漁具の設置など、日本の漁業被害が大きいのが実情である。(注 p.42)

竹島の日

　竹島の日本領編入の閣議決定（1905年2月22日）から100周年にあたる2005年3月、島根県議会は、竹島が島根県に編入された2月22日を記念して「竹島の日」とする条例を制定した。これは、韓国が不法占拠を続ける竹島の領土権の早期確立を促すと同時に国民の注目を喚起するためだったが、韓国世論の反発は凄まじく、改めて両国の溝の深さを浮き彫りにした。2012年8月には、李明博韓国大統領（当時）が国内向けの政治パフォーマンスとして竹島に上陸した。

竹島領有権に対する日本と韓国の主張

竹島の認識
　日本には「改正日本輿地路程全図」(1779年)をはじめ、朝鮮半島と隠岐諸島間の鬱陵島と竹島を的確に記載している地図や文献が多数存在する。一方、韓国は『三国史記』(1145年)や『新増東国輿地勝覧』(1531年)の添付地図に記載された「于山島」が竹島だと主張するが、記述内容も位置も竹島とはまったく合致しない。

竹島の実質的経営
　1618年米子の町人大谷・村川両家は、江戸幕府から鬱陵島への渡海免許を得て、以後約70年間、鬱陵島でのアワビやアシカ（ニホンアシカ）の採取捕獲を独占していた。竹島は、鬱陵島への航行の目印・寄港地、アシカやアワビの漁獲地として利用されていた。

竹島との境界
　1692年、村川家が鬱陵島で多数の朝鮮漁民に遭遇し、翌年、大谷家が朝鮮漁民、安龍福、朴於屯の2名を連れ帰ったのをきっかけに、鬱陵島の帰属問題が起こり、幕府は1696年、日本人の鬱陵島への渡海を禁止した。

　1696年、国禁を犯し再来日した安龍福が、鬱陵島及び竹島を朝鮮領とする旨の書契を幕府から得たと送還後に供述するが、記録はない。

竹島領有の確定
　1904年、隠岐の中井養三郎は、竹島の領土編入及び10年間の借用を出願した。

　明治政府は、島根県の意見を聴取の上、1905年1月、閣議決定によって同島を「隠岐島司ノ所管」と定め「竹島」と命名し、公表した。

ラスク書簡（1951年8月）
　「独島、または竹島ないしリアンクール岩として知られる島に関しては、この通常無人である岩島は、我々の情報によれば朝鮮の一部として取り扱われたことが決してなく、1905年頃から日本の島根県隠岐島支庁の管轄下にある。この島は、かつて朝鮮によって領有権の主張がなされたとは見られない」

韓国の領土教育
　韓国では、竹島を韓国領とする学校教育が徹底して行われており、「独島は我が領土」とするスローガンが、政治の場のみならず、ロンドンオリンピックなどのスポーツの場で表示されるなど、エスカレートしている。

国境を形成する島 ❻
対馬・壱岐・五島列島（長崎県）

対馬（対馬市）

◎面積：696.62km² ◎人口：34,407

　九州の北西約120km、韓国の釜山からは南南東へ約50kmの距離にある国境の島。日本と大陸をつなぐ要地にあるため、7世紀の白村江の戦い、11世紀の刀伊の入寇、13世紀の元寇、15世紀の応永の外寇、17世紀末の文禄・慶長の役など、幾度も戦火に蹂躙された。(☞ p.85)

　江戸時代には、対馬藩の宗氏が朝鮮との国交回復と親善に重要な役割を果たしたが、幕末の1861年には、ロシアのポサドニック号の船員が上陸し半年あまり居座るなど、再び時代の波に翻弄された。

　また、1905年の日露戦争では、バルチック艦隊の将兵たちが、殿崎など対馬の東岸に漂着し救助された。

壱岐島（壱岐市）

◎面積：133.92km² ◎人口：29,377人

　佐賀県の東松浦半島の北西25kmに位置する島。古来、朝鮮航路の要地とされ、『魏志倭人伝』には一支国と記載された。律令時代には、壱岐国とされ、中世には松浦党の勢力下に置かれた。

　対馬と九州の中間にあるため、外国の侵攻を受けやすく、平安時代の刀伊の入寇、鎌倉時代の元寇と、大きな損害を被った。(☞ p.85)

　江戸時代には平戸藩の一部になった。いまも農業・漁業が中心の島で、伝統的な海女漁も行われている。

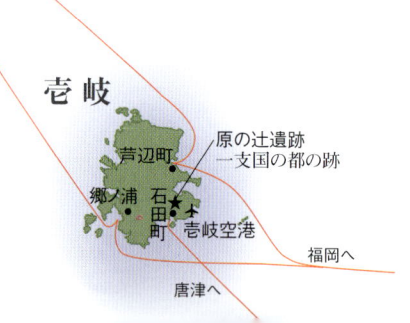

五島列島

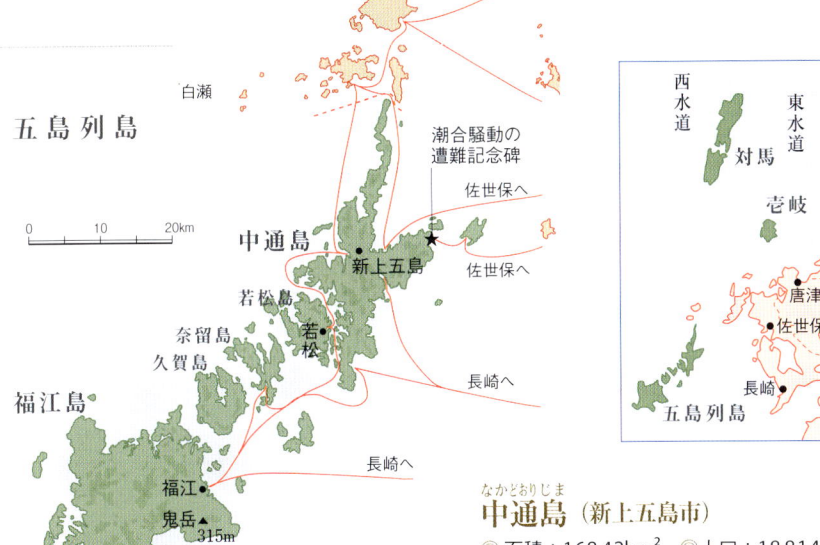

　長崎県西部、約100kmの東シナ海に連なる列島。北から中通島、若松島、奈留島、久賀島、福江島の5島を中心に約140の島からなる。地名の由来は主要5島を総称したことによる。鎌倉時代には、松浦氏、その後宇久氏から改称した五島氏の支配を受けた。江戸時代には隠れキリシタンの島として知られた。昭和初期には、全国からの出稼ぎ漁船団の先端基地として栄えた。また、古くから捕鯨が行われ、400年もの歴史がある。

中通島（新上五島市）

◎面積：168.42km² ◎人口：18,814人

　五島列島の2番目の大きさの島で、上五島の主島。島の東、潮合崎沖は、幕末に坂本龍馬の亀山社中が購入した練習船ワイル・ウエフ号が遭難した場所として知られている（潮合騒動）。

福江島（五島市）

◎面積：326.45km² ◎人口：37,815人

　長崎市の西方約100kmに位置し、五島列島の一番南にある火山島で五島市の主島。古くは遣唐使船が風待ちをする中継地として、中世には倭寇の根拠地として、近世にはキリシタンの島として、また黒船の備えとして重要な役割を担った。

五島とキリスト教

　五島にキリスト教が伝えられたのは16世紀で、領主自らが洗礼を受け奨励した。その後、キリスト教が禁止されると、本土から多くの信者が五島に移住し、数々の弾圧を受けながら密かに信仰を守り続けた。

　なかでも、若松島は隠れキリシタンの島として知られ、大平教会・土井ノ浦教会・キリシタン洞窟などキリシタン信者ゆかりの地がある。また、久賀島は、1868年のキリシタン弾圧（牢屋の窄殉教地）が行われた島で、「五島崩れ」発祥の地である。キリスト教が解禁されたのは、わずか5年後の1873年のことだった。

国境を形成する島めぐり ── 第3章

国境を形成する島 ❼
種子島・屋久島（鹿児島県）

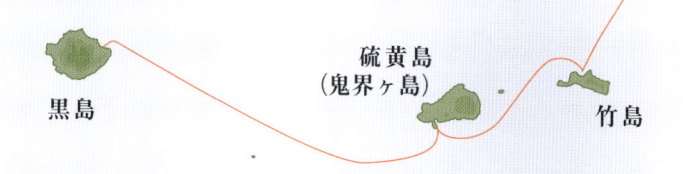

黒島　硫黄島（鬼界ヶ島）　竹島

鹿児島へ

＊黒島・硫黄島・竹島の3島は、トカラ列島の上三島に属す。

大 隅 諸 島

口永良部島

屋久島　永田　上屋久（宮之浦）　屋久島空港　縄文杉　宮之浦岳 1936m　安房　栗生　尾之間　シドッチ上陸地

屋久島（屋久島町）

◎面積：504.89km²　◎人口：13,589人

　大隅半島の南南西約60kmにある五角形の島。地殻変動でできた島で中央部には九州最高峰の宮之浦岳がそびえる。日本有数の多雨地域で、亜熱帯気候から亜寒帯気候まで植物の垂直分布がある。古代に種子島を含めて多禰国が置かれ、南方文化が伝わる海上の道の終点に位置するため遣唐使船の中継地でもあった。753年には、鑑真を乗せた遣唐使船が寄港している。戦国時代は、種子島氏、禰寝氏、江戸時代は島津氏の領有となった。1708年、イタリアの宣教師シドッチが屋久島に潜入したが、捕らえられ江戸へ送られた。江戸で監禁され5年後に病死するが、その間、新井白石がシドッチから聞き取った世界事情が『西洋紀聞』である。薩摩藩は、シドッチ上陸を機に宮之浦・永田（長田）・栗生に番所を置き外国船を監視させた。

60

種子島 (西之表市, 中種子町・南種子町)

◎面積：445.05km² ◎人口：14,914人

　大隅半島の南東35kmにある南北に細長い島。面積は屋久島よりも少し小さい。7世紀末から大和朝廷に朝貢を行い、702年に屋久島を含めて多禰国が置かれた。中世には、見和氏、肥後氏、種子島氏が支配した。鉄砲伝来、および甘藷伝来の地でもある。江戸時代を通じて種子島氏領で、明治になると廃藩置県で鹿児島県に編入された。

　1969年に種子島宇宙センターが設立され、サンゴ礁の海と緑に囲まれた発射基地は「世界一美しいロケット基地」と言われている。

屋久島の縄文杉

　屋久杉の伐採は、江戸時代に始まり、18世紀頃は盛んに伐採が行われた。しかし、1840年頃になると、良木の伐採現場が険しい山地に限られてしまい、島民は割のいいカツオ漁に向かった。明治になると、地租改正の混乱で、屋久島の土地の95％以上、山林原野などの99％が官有地になった。官有地化をめぐっては国と住民との間で、その後も係争が続いたが、結果的にこれが屋久杉の保護に幸いしたのである。1966年、樹齢7,200年ともいわれる縄文杉が発見されると、1993年、宮之浦岳を含む屋久杉自生林や西部林道付近など島の面積の約21％にあたる107.47km²が、ユネスコの世界自然遺産に登録された。

鉄砲伝来と甘藷伝来

　1543年9月23日、種子島南端の門倉岬に中国船が漂着した。島主の種子島時堯は、乗船していたポルトガル人が持っていた火縄銃を購入し、部下に製法を学ばせた。やがて火縄銃は種子島から紀州の根来や泉州の堺に伝わり、日本各地で製造されるようになった。なお鉄砲が、歴史上初めて実戦に使用されたのは、1544年、禰寝氏と種子島氏が争った宮之浦城攻防戦で、種子島軍の大勝により屋久島は再び種子島氏の領有となった。

　また、甘藷（サツマイモ）が琉球王国から種子島に伝わったのは1698年と言われ、青木昆陽が関東でサツマイモ栽培に成功したのは1735年である。

国境を形成する島めぐり — 第3章

国境を形成する島 ❽
トカラ列島・奄美群島（鹿児島県）

トカラ（吐噶喇）列島（大島郡十島村）

　屋久島の南西から奄美大島に連なる島嶼群で、有人7島と無人5島からなる。人口は全島合わせても1,000人に満たない。地名の由来は諸説あるが、沖の海原（トハラ）が転訛したという説が有力。

　壇ノ浦で敗走した平家の落人が住み着いたという伝説もある。中世から島津氏の属領で、江戸時代初期に薩摩藩が行った琉球侵攻のルートであった。幕末には、薩摩藩が口之島、中之島、宝島に異国船番所を設けた。明治の廃藩置県で鹿児島県に編入され、太平洋戦争後、北緯30度以南にある下七島がアメリカの軍政下におかれ、上三島との分断体制は1952年の下七島返還まで続いた。

奄美大島（奄美市ほか）
◎面積：712.52km² ◎人口：65,770人

　奄美群島は、奄美大島から与論島まで、およそ180キロの洋上に点在する5つの島の総称。

　奄美大島は、鹿児島市から南へ約380km、奄美群島の主島で単に大島ともいう。

　古くから中国・琉球と日本をつなぐ海上交通の要所にあり、その領有をめぐって島津氏と琉球がたびたび争った。15世紀初頭に琉球王国の支配下に入ったが、1609年の島津氏の琉球侵攻以降は薩摩藩の直轄地となった。以後、サトウキビ栽培を強いる薩摩藩の圧政に耐え、明治になると鹿児島県に編入された。太平洋戦争末期には、本土防衛のため要塞化された。戦後、米軍の統治下に置かれ、1953年に返還された。流刑地でもあり、1859年、西郷隆盛が幕府の目を逃れて潜居した。

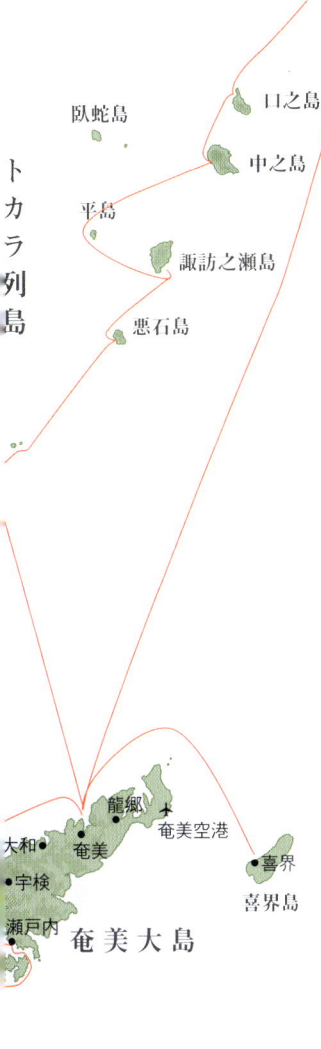

徳之島 （徳之島町）

◎面積：247.77km² ◎人口：25,587人

　鹿児島の南南西468km、奄美大島から45kmで奄美群島のほぼ中央に位置している。古くは大隅国に編入されていたが、15世紀に琉球王国が成立すると琉球王国の統治下に入った。しかし、1609年の島津氏の琉球侵攻によって薩摩藩の直轄領になると、サトウキビ栽培を強制され、黒糖は台湾・中国との密貿易に利用された。明治の廃藩置県で鹿児島県に編入され、太平洋戦争後、米軍統治下に編入され米軍の基地が作られた。1953年日米交渉によって日本に復帰。

沖永良部島 （知名町・和泊町）

◎面積：93.67km² ◎人口：13,920人

　鹿児島市から南へ約540km、沖縄本島から北へ約60kmにあるサンゴ礁が隆起した平坦な島。

　13世紀から琉球の北山王国の支配下にあったが、15世紀に琉球王国が成立すると、その領土に組み込まれた。1609年、薩摩藩の琉球侵攻により薩摩の直轄領となった。薩摩藩の直轄領時代は、主に政治犯の流刑地となり、1862年、島津久光に疎まれた西郷隆盛が流された。明治になると廃藩置県により鹿児島県に編入された。太平洋戦争後、アメリカの軍政下に入り、1953年、沖永良部島含む奄美群島が日本に復帰。

与論島 （与論町）

◎面積：20.47km² ◎人口：5,327人

　鹿児島県の最南端で、沖縄本島の北端までわずか21kmの隆起サンゴ礁の島。琉球の北山王国に属していたが、15世紀に琉球王国が成立すると、その領土に組み込まれた。その後、薩摩藩の琉球侵攻によって薩摩藩の支配下に入った。戦後は他の奄美群島と同様に米軍の統治下を経て日本に復帰した。

国境を形成する島めぐり ― 第3章

国境を形成する島 ⑨

沖縄諸島（沖縄県）

沖縄島（沖縄本島）
◎面積：1208.29km² ◎人口：1,265,060人＊

　琉球諸島最大の島。島名の由来は諸説あるが、古くから地元の人々が自称していた「ウチナー」とする説が有力。

　14世紀の中頃、沖縄を分断して北山・中山・南山の3王国が割拠し、それぞれ明と朝貢貿易を行っていた。

　1429年、中山の尚巴志が三山を統一して首里を拠点とする琉球王国を形成した。王国の最盛期には奄美群島から先島諸島までを統治し、中継貿易で栄えていたが、1609年に薩摩藩の侵攻を受け、薩摩藩の支配下に入った。しかし、その後も薩摩藩と清の両属体制をとりながら独立国家の体裁を保ち続け、1853年5月のペリー来航時も独立国として交渉した（翌年、琉米修好条約を締結）。

　明治維新後も、琉球は尚泰王を藩王とする琉球王国の体制を維持していた。明治政府は、琉球藩に清への朝貢をやめ日本に帰属するよう求めたが、対応が曖昧なため武力行使による日本への編入（琉球処分）を決定した。1879年3月、琉球藩を廃して沖縄県を設置することを通達し、藩王は華族として東京に居住するよう命じた。琉球王国500年の歴史はここに幕を閉じた。

　ただし、中国には尖閣諸島のみならず、沖縄諸島全体の日本帰属についても、一部に異論を唱える勢力がある。

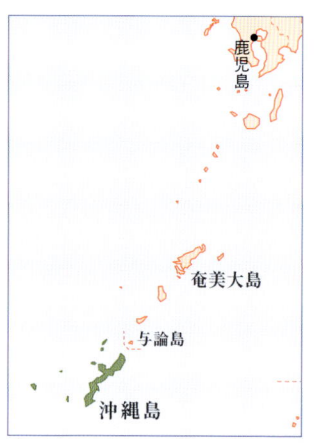

久米島（久米島町）
◎面積：59.11km² ◎人口：8,489人

　沖縄本島から西に約100kmにある島で、沖縄県内では、5番目に大きな島。

　1511年、琉球王国の侵攻を受け、税の7割を紬で納める貢納布制度に苦しめられた。1609年、薩摩藩が琉球に侵攻すると、貢納布制度はさらに重くなり、琉球処分後も継続し、1903年まで続いた。さらに太平洋戦争が始まると、住民を巻き込んだ悲惨な戦いを強いられた。戦後、米軍の統治下に入り、1972年、日本に復帰。

　絶滅危惧種キクザトサワヘビの生息地・宇江城岳の渓流と湿地が、2008年ラムサール条約に登録された。

＊沖縄県の人口（1,392,818人）から指定離島の人口（127,758人）を引いた数値。

地図中の地名・注記:

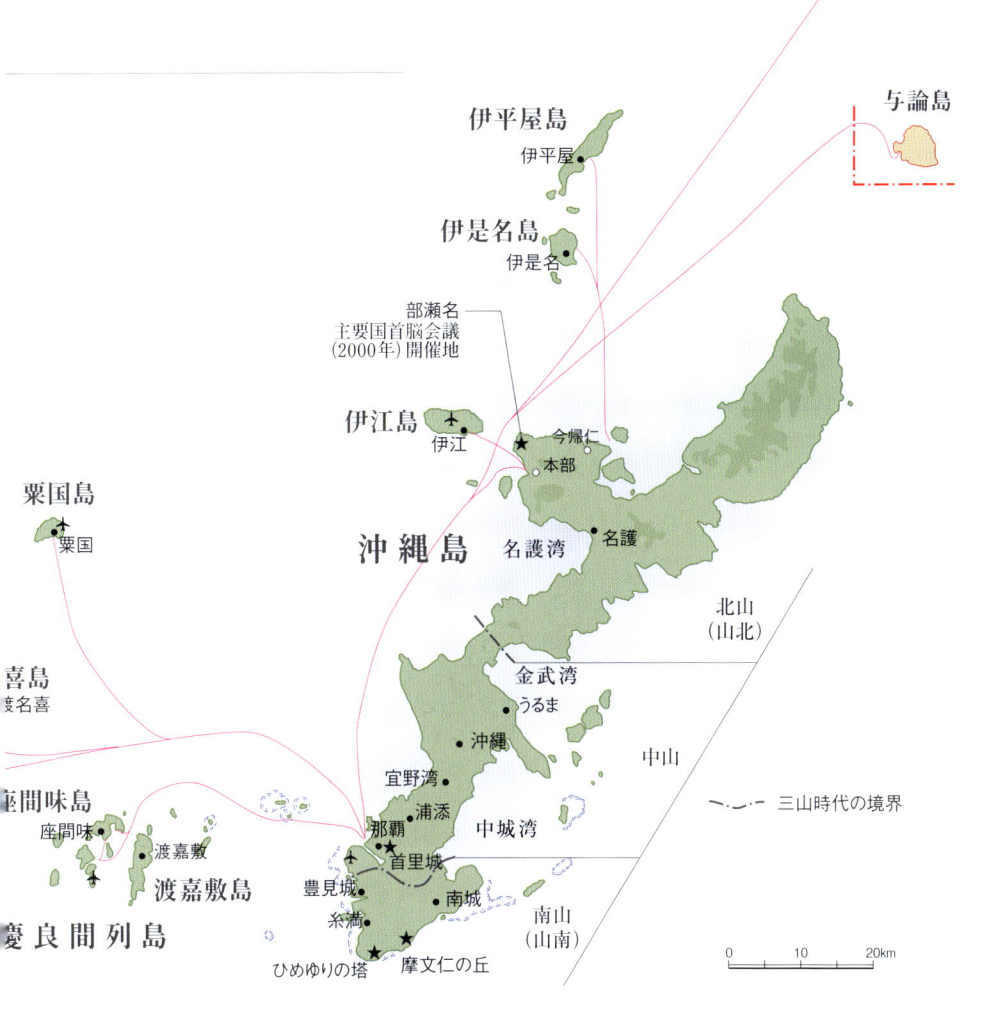

与論島
伊平屋島 / 伊平屋
伊是名島 / 伊是名
部瀬名 主要国首脳会議(2000年)開催地
伊江島 / 伊江
今帰仁
本部
沖縄島
名護湾 / 名護
粟国島 / 粟国
北山(山北)
金武湾
うるま
渡名喜島 / 渡名喜
沖縄
宜野湾
浦添
中山
座間味島 / 座間味
那覇
首里城
中城湾
三山時代の境界
渡嘉敷島 / 渡嘉敷
豊見城
南城
糸満
慶良間列島
ひめゆりの塔
摩文仁の丘
南山(山南)
0 10 20km

伊平屋島 （伊平屋村）

◎面積：20.59km² ◎人口：1,260人

　沖縄本島の北西約40km、鹿児島県与論島のほぼ真西に位置する島。南の伊是名島と共に琉球王統発祥の地といわれ、琉球王朝時代は直轄地とされた。

　太平洋戦争末期、1944年6月3日、米軍機動部隊が上陸し、米軍占領統治となった。1972年、日本に復帰した。

伊江島 （伊江村）

◎面積：22.77km² ◎人口：4,737人

　沖縄本島の北西9kmに位置する島。太平洋戦争が始まると、日本軍によって東洋最大の飛行場が作られた。1945年4月16日に米軍が上陸し、21日に守備隊が玉砕した。米軍統治下では、伊江島の63%が米軍に収用され、1972年の日本復帰後も、35%が米軍基地となっている。

国境を形成する島めぐり ── 第3章

沖縄をめぐる問題

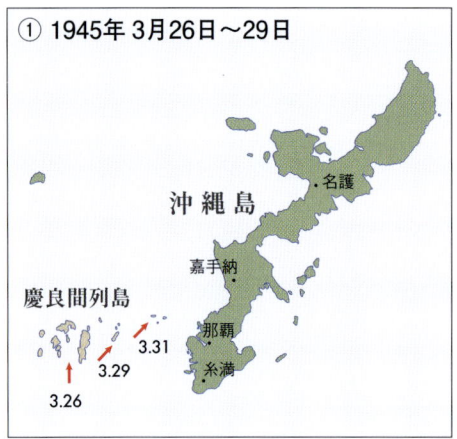

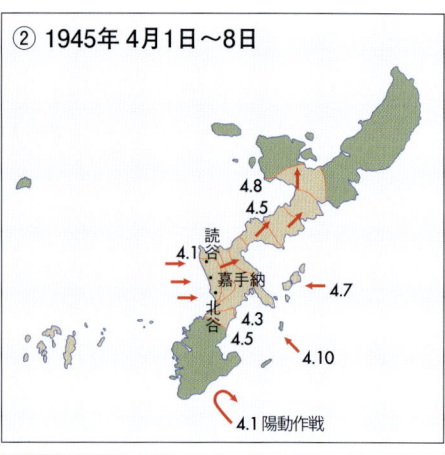

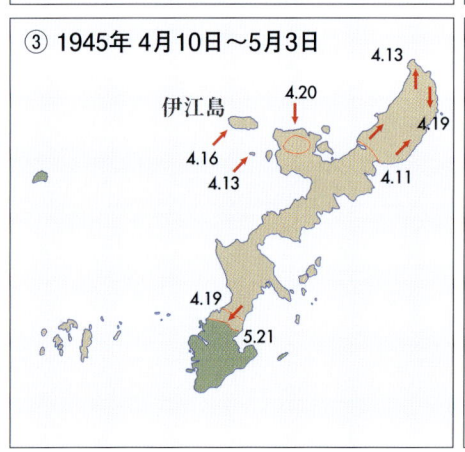

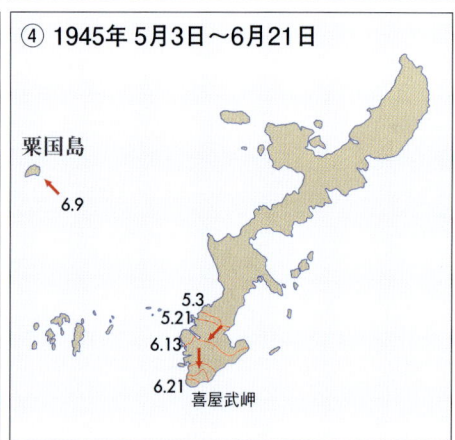

① 1945年3月26日〜29日

② 1945年4月1日〜8日

③ 1945年4月10日〜5月3日

④ 1945年5月3日〜6月21日

太平洋戦争と沖縄

　太平洋戦争が始まると、沖縄は本土防衛の最前線となった。敗色濃厚となった1944年10月10日、米軍は南西諸島全域に及ぶ沖縄大空襲を行い、その後も空襲は激化した。日本軍は、鉄血勤皇隊やひめゆり学徒隊など中学校や女学校の生徒までを動員せざるをえない状況だった。

　1945年3月26日、米軍が慶良間諸島へ上陸すると凄惨を極める地上戦が始まった。4月1日、米軍は沖縄西岸の読谷・嘉手納・北谷の海岸に無血上陸して沖縄島を分断すると、20日ごろには北部全域を占領した。沖縄守備軍は南部への撤退を繰り返し、その先々で避難民の食糧強奪や集団自決の強要が行われた。6月23日、沖縄南端に追いつめられた守備軍は司令官が摩文仁で自決し、日本軍は壊滅した。

沖縄の米軍基地

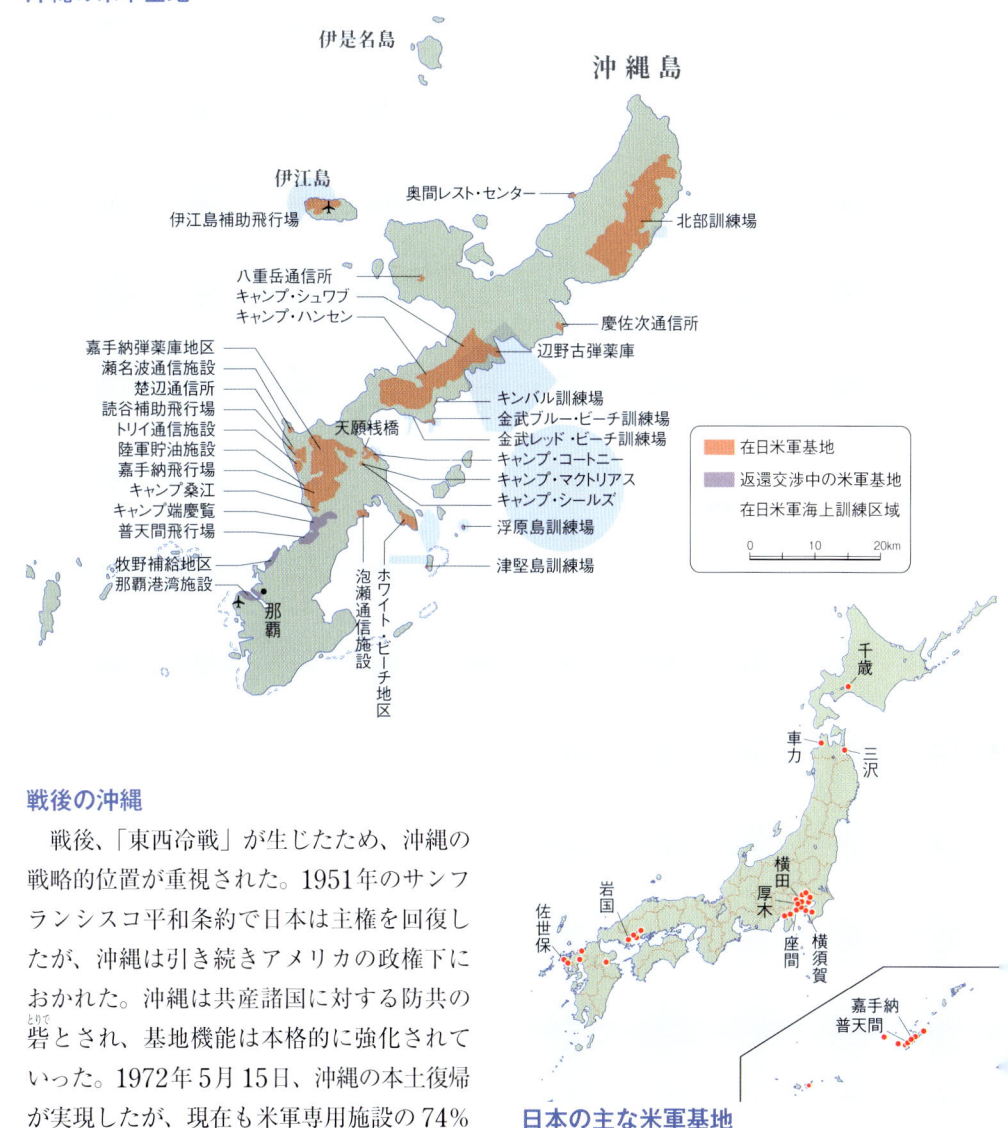

沖縄島

伊是名島
伊江島
　伊江島補助飛行場
奥間レスト・センター
北部訓練場
八重岳通信所
キャンプ・シュワブ
キャンプ・ハンセン
慶佐次通信所
嘉手納弾薬庫地区
瀬名波通信施設
楚辺通信所
読谷補助飛行場
トリイ通信施設
陸軍貯油施設
嘉手納飛行場
キャンプ桑江
キャンプ瑞慶覧
普天間飛行場
牧野補給地区
那覇港湾施設
那覇
天願桟橋
辺野古弾薬庫
キンバル訓練場
金武ブルー・ビーチ訓練場
金武レッド・ビーチ訓練場
キャンプ・コートニー
キャンプ・マクトリアス
キャンプ・シールズ
浮原島訓練場
津堅島訓練場
ホワイト・ビーチ地区
泡瀬通信施設

凡例：在日米軍基地／返還交渉中の米軍基地／在日米軍海上訓練区域
0　10　20km

戦後の沖縄

　戦後、「東西冷戦」が生じたため、沖縄の戦略的位置が重視された。1951年のサンフランシスコ平和条約で日本は主権を回復したが、沖縄は引き続きアメリカの政権下におかれた。沖縄は共産諸国に対する防共の砦とされ、基地機能は本格的に強化されていった。1972年5月15日、沖縄の本土復帰が実現したが、現在も米軍専用施設の74%が沖縄に配置されているなど、多くの問題が未解決のままとなっている。

日米地位協定　米軍施設が集中する沖縄では、米軍人の犯罪行為が問題となっている。しかし、日本国内での米軍人の権利などに

日本の主な米軍基地

千歳
車力
三沢
岩国
佐世保
横田
厚木
横須賀
座間
嘉手納
普天間

ついて定めた日米地位協定が障壁となり、公務外・米軍施設外での米軍人の犯罪行為を日本側で十分に捜査できないという問題点がある。

国境を形成する島めぐり —— 第3章　67

八重山列島・宮古列島（沖縄県）

国境を形成する島 ⑩

八重山列島

　石垣島、竹富島、小浜島、黒島、新城島（上地、下地）、西表島、由布島、鳩間島、波照間島の島々と、与那国島の合計10の有人島と周辺の無人島からなる。八重山の由来には諸説があるが、竹富島・小浜島・黒島・新城島・西表島・鳩間島・波照間島の人が住む8島を遠方から眺めると八重に連なって見えるとの伝承から名付けられたとされる。波照間島は居住者がいる日本最南端の島。

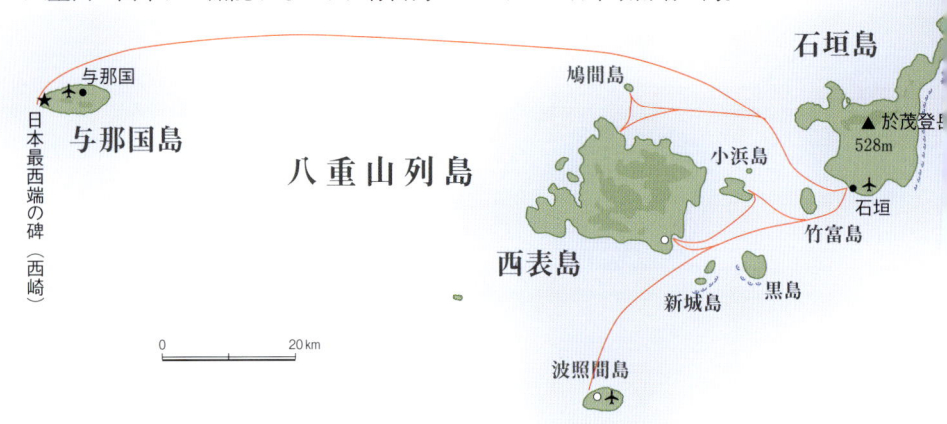

与那国島　（与那国町）

◎面積：28.91km²　◎人口：1,657人

　沖縄本島から約500km、石垣島からは124kmの日本最西端の島。古くから海上貿易の中継地で、16世紀に琉球王国の支配下に組み込まれたが、1609年に琉球王国が薩摩藩の支配下になると、琉球王国が課す人頭税に苦しめられた。1879年の琉球処分と共に日本領となる。

　戦前は、台湾との密貿易で栄えたが、戦後のアメリカ統治時代にも密貿易が続いた。1972年に日本へ復帰。国境の島のため、陸上自衛隊の配備が政治的な問題となっている。

西表島　（竹富町）

◎面積：289.28km²　◎人口：2,219人

　石垣島の西へ15kmにある八重山列島最大の島。島の大半が亜熱帯林に覆われ、マラリア発生地のため、集落は限られていた。琉球王国時代に強制移民が何度か行われたが失敗した。明治に炭鉱が発見されたが、マラリアのため撤退をくり返した。採炭が軌道にのったのは大正末で、1936～37年の最盛期には、年間12～13万トンを産出した。だが、炭鉱は太平洋戦争で休止し衰退した。マラリアが撲滅されたのは戦後で、徐々に定住者も増えている。イリオモテヤマネコの生息地。

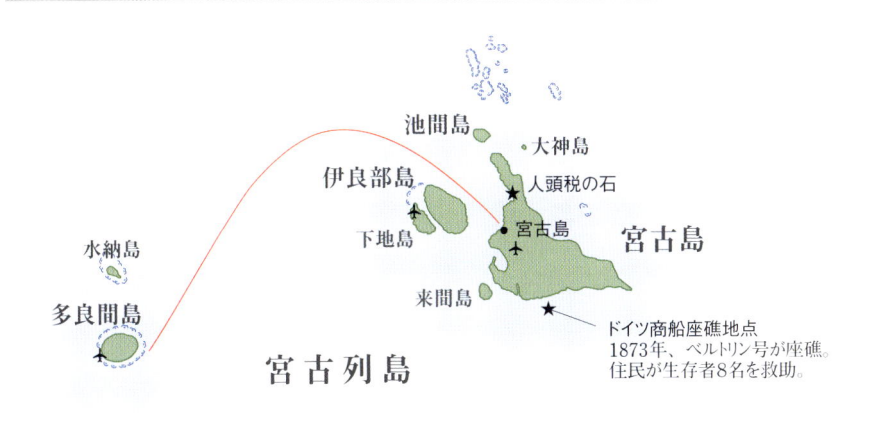

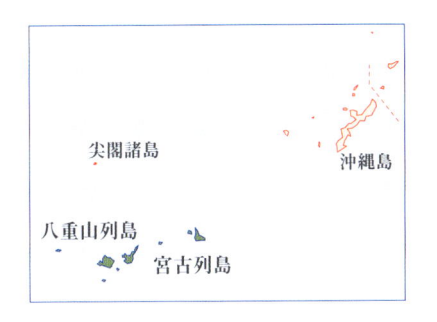

宮古列島

沖縄本島の南西300kmにある8つの有人島とその周囲の無人島からなる。8つの有人島のうち、宮古島、伊良部島、下地島、池間島、大神島、来間島は列島の北側に位置し、多良間島、水納島は南側に位置している。宮古列島の北西には尖閣諸島、西には八重山列島がある。

宮古島＊（宮古島市）
◎面積：159.26km² ◎人口：46,001人

沖縄本島から南西へ約300kmにある宮古列島の主島。宮古島から西にある島々を先島諸島と呼ぶ。先島とは沖縄本島より先（遠く）にある島という意味。

16世紀に琉球王国の支配下に入ると、宮古島の豪族・仲宗根家が、琉球を後ろ盾に宮古・八重山地方を治めた。しかし、1609年薩摩軍の琉球侵攻で琉球王国が薩摩の支配下に入ると、琉球が課す人頭税に苦しめられた。人頭税は15歳から50歳までの全住民に課せられ、1637年から266年間も続いた。

石垣島（石垣市）
◎面積：222.63km² ◎人口：46,922人

沖縄本島から南西へ約340km、日本列島の南西端に位置する八重山列島の中心島。於茂登岳（528m）は沖縄県の最高峰。15世紀末、琉球王国の侵攻に対し、石垣島の豪族オヤケアカハチが反乱を起こすが、琉球の支配下に入る。1609年に琉球王国が薩摩藩の支配下になると、琉球王国が課す人頭税に苦しめられた。戦前は、マラリアで多くの犠牲者を出したが、戦後になって撲滅された。日本最南端の市。

＊宮古島では近年、地下ダムの建設で長年の水不足を解消した。

国境を形成する島 ⑪

尖閣諸島 (沖縄県)

魚釣島沖に集結した石垣・宮古・与那国の漁船団 「無人の海を有人の海へ」のスローガンの元、戦後初めて尖閣諸島で行われた漁労調査（2012年6月19日）

尖閣諸島（石垣市）

　東シナ海の南西部、石垣島北方約130〜150kmの海域に点在する島嶼群で、魚釣島、北小島、南小島、久場島、大正島の5島と周辺の3岩礁からなる。尖閣の名は、尖った島の形状とイギリス海軍水路誌にある "The Pinnacle Islands" を意訳したものである。

　島の存在は古くから知られていて、琉球王国へ向かう明の使者が航路の目印にしていたことが16世紀の記録にある。未開の島に注目したのは、羽毛の材料になるアホウドリを求めていた福岡出身の古賀辰四郎である。1885年、現地調査を行った古賀は日本政府に開拓許可を申請したが、帰属が不明なため許可は出なかった。

　開拓許可がおりたのは約10年後で、尖閣諸島を無主の島と確認した政府が領土編入（1895年）をした翌年である。古賀は、政府から魚釣島、久場島、南小島、北小島の4島を30年間無償で貸与されると本格的に開拓を始め、最盛期には約250人が居住した。その後、戦況の悪化などもあり、尖閣諸島から人影は消えた。

　戦後、アメリカの統治を経て、1972年に日本へ返還されたが、大正島以外は、1932年以来個人所有だったため、賃貸契約を結び、国が管理をしていた。

　2012年9月11日、閣議決定により、安定的な維持管理のため、国有化＊された。

＊国有化以降、中国の船舶による領海侵犯が頻発し、2013年6月現在も緊張が続いている。

久場島
★
鰹節工場
跡地

大正島

尖閣諸島

魚釣島
★
鰹節工場　北　南
跡地　　小　小
　　　　島　島

魚釣島（石垣市）
◎面積：3.82 km²

　尖閣諸島の主島で、唯一飲料水が確保できる。古賀辰四郎によって開拓され、鰹節製造工場や羽毛の加工場、グアノ（肥料の素となるリン）の加工場が作られた。最盛期の1909年には99戸248人もの人が暮らしていたという。1940年に工場は閉鎖され、無人島になった。

久場島（石垣市）◎面積：1.55 km²

　尖閣諸島北端の島。かつては尖閣諸島で最大のアホウドリ*の営巣地があり、島の南西部に羽毛の加工場や鰹節工場があった。

大正島（石垣市）◎面積：0.06 km²

　1946年アメリカ軍の軍政下に置かれ、その後、久場・大正の両島は、沖縄米軍の空対地爆撃の演習地として使用されてきたが、1978年6月以降は米軍から演習地使用の通告はない。

尖閣諸島をめぐる問題

　太平洋戦争終結後、アメリカの管理下にあった尖閣諸島が、再び注目されたのは1968年である。この年、国連アジア極東経済委員会（ECAFE）が東シナ海の海底調査を行い、翌年、付近の大陸棚に大量の石油資源（一説にはイラク規模の埋蔵量）があることを発表した。

　これを受けて、1971年、台湾、次いで中国が尖閣諸島の領有権を主張し始めた。しかし、1972年に尖閣諸島一帯は、沖縄とともに日本へ返還された。

　太平洋戦争以来、国交が絶えていた日本と中国は、1978年に日中平和友好条約を締結して国交を回復した。ただし、尖閣諸島問題は未解決のまま棚上げされた。

　1994年、EEZを200海里とする国際海洋法が発効すると、中国は、大陸棚周辺部では最大350海里まで自国の主権を行使できるという独自の解釈で、尖閣諸島の領有権を主張し、日本に先行して周辺海域のガス田開発に着手した。

　また1997年に締結された日中漁業協定（新協定）では、尖閣諸島の北方は暫定措置水域とされ、両国の漁船は自由操業できるが、相手国の漁船の違法行為は取り締まれない。2010年9月7日、領海侵犯した中国漁船が海上保安庁の巡視船に衝突する事件を起こして問題となった。

*アホウドリの羽毛は、羽布団の材料として当時の貴重な輸出品だった。

国境を形成する島 ⑫
大東諸島 (沖縄県)

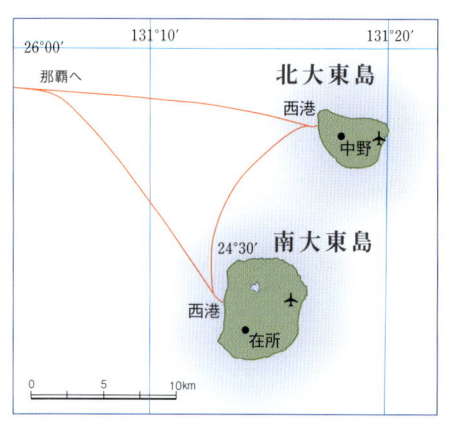

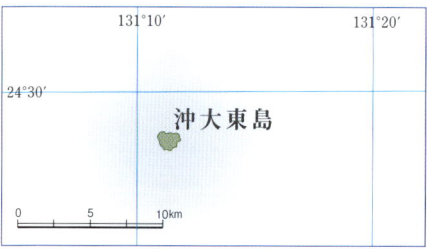

大東諸島

沖縄本島の東約340kmの太平洋上の海洋島で、北大東島、南大東島、沖大東島の3島からなる。

島を形成するサンゴ礁の厚みは数百mから数千mに達するため、島の周囲は断崖絶壁で、通常の港湾はない。漁船や人や荷物はクレーンで吊り上げられる。北大東島、南大東島は有人島で、サトウキビ・製糖・漁業と観光が産業の中心である。

古くから沖縄の人達に知られていたが、19世紀にロシア船に発見されボロジノ諸島と呼ばれていた。日本領に編入されたのは明治初期の1885年で、戦後アメリカ軍の管理下になったが、1972年沖縄返還により日本に復帰した。

北大東島 (北大東村)
◎面積：11.94km² ◎人口：665人

沖縄本島の東約360kmに位置し、南大東島の北東8kmにある隆起サンゴ礁の島。沖縄では古くから知られていて「ウフアガリ島（遥か東にある島）」と呼ばれ、ニライカナイ（祖霊神の再生地）信仰の対象にもなっていた。1900年、八丈島出身の玉置半右衛門ら開拓団が入植し、サトウキビ栽培とリン鉱石の採掘を事業化した。最盛期には、4,000人の鉱山労働者がいたが、事業の退潮化により1951年閉山し、農業移住者以外は離島した。

南大東島 (南大東村)
◎面積：30.57km² ◎人口：1,442人

北大東島の南西8kmにあるサンゴ礁が隆起した島。北大東島とともに玉置半右衛門らが開拓した島で、ジャングルを切り開いて大規模なサトウキビ栽培を事業化した。島の外縁は絶壁で中央部が窪んでいる皿状のため、台風の通り道でありながらサトウキビ栽培が可能だった。戦前は、製糖会社の社有島で人口も4,000人を超えたが、戦況悪化のため島民は強制疎開を命じられた。1946年、沖縄のアメリカ軍政により製糖会社支配から離れた。

国境を形成する島 ⑬
沖ノ鳥島（東京都）

沖ノ鳥島（小笠原村）
◎面積：5.78m²（リーフ内の面積＊）

　東京から1,740km、小笠原父島から西南西に約910km、硫黄島からは南西へ約600kmという絶海にあるサンゴ礁島。日本の最南端で、ホノルル（ハワイ）とほぼ同緯度にある。東西約4.5km、南北1.7kmの環礁に囲まれているが、満潮時には東小島と北小島の2島だけが海面上に頭を出す。現在は、周囲を消波ブロックとコンクリートで固めて保護してある。日本が島の存在を知ったのは、第一次世界大戦後、旧ドイツ領の南洋諸島一帯が日本の委任統治領になってからである。1922年、海軍水路部の測量艦が調査し、1931年領有を宣言し「沖ノ鳥島」と命名した。戦後、アメリカの統治下にあったが、1968年に返還された。

　東京都小笠原村に属すが、維持管理費用その他の問題から1999年の政令によって国の直轄管理になっている。新たに船舶の停留施設を整備中である。

沖大東島（北大東村）
◎面積：1.15km²　◎人口：0人

　南大東島のから約150km南にあるサンゴ礁が隆起したハマグリ状の島。南大東島の南にあるが、北大東島に属す。別名ラサ島。1900年、日本領に編入。
　全島が糞化石質燐鉱石からなるため、1911年ラサ島燐礦合資會社（のちラサ工業）が設立され、燐鉱石から過リン酸石灰（肥料・火薬の原料）が製造された。最盛期には人口2,000人を超えた。

　1945年までに島から積み出した燐鉱石は160万tにのぼり、島の表土はほとんどなくなったといわれる。採掘された燐鉱石は、貨物船で岩手県宮古市の工場まで運搬された。
　太平洋戦争後、無人島化したが、1956年からは島全域が米海軍による空対地爆撃射撃場（沖大東島射爆撃場）として使用されている。現在もラサ工業の社有島で、約300万tのリン鉱石が残存しているといわれる。

＊リーフ（reef）　サンゴ礁がつくった地形で、据礁、堡礁、環礁の3種類がある。

沖ノ鳥島をめぐる問題

沖ノ鳥島　リーフ内の面積約 5.78km（東京ドーム約 107 個分）のサンゴ礁島。手前に見えるのが東小島、中央の施設は観測所。左後方にあるのが北小島。観測所の手前は、南小島だが、満潮時に水没する。

▶消波ブロックとチタン製の防護ネットで保護されている北小島。

最南端の島が担う大きな役割

　太平洋上に浮かぶ日本最南端の島。サンゴ礁がつくるリーフ内で、満潮時に沈まないのは東小島、北小島と呼ばれる 2 つの露岩だけで、大部分は海面下にある。満潮時の標高は東小島が約 6 cm、北小島が約 16 cm。一見、なんの変哲もない島だが、日本の排他的経済水域（EEZ）確保のためには非常に重要な島で、沖ノ鳥島によって形成される EEZ は、約 40 万 km² にもなり、日本の国土面積を上回る。

　日本で唯一熱帯に属し、付近の海域は豊かな漁場となっている。また EEZ 内の海底には、コバルトやマンガンなどのレアアースが埋蔵されている可能性も考えられている。

　沖ノ鳥島の法的地位については、かねてから論争があり、近年では日本の EEZ の主張に対し、台湾、中国、韓国から異議が申し立てられている。

　日本政府は、沖ノ鳥島は国連海洋法条約第 121 条（☞ p.97）の島の条件を満たし、国際社会から認められているとの立場を主張している。

　最近、中国の海洋調査船が国連海洋法条約に基づく手続きを踏むことなく、沖ノ鳥島の周辺海域の調査活動を行うなど、問題は残されている。

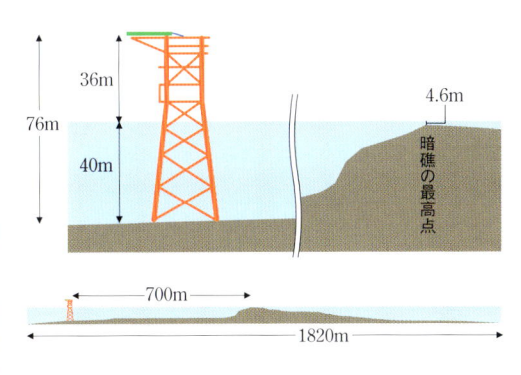

離於島（中国名・蘇岩礁）　海面下40mの岩礁を土台にして韓国が建造した海洋調査施設。暗礁は、韓国のEEZ内にあるため人工建造物の設置は認められているが、暗礁は領土ではなく、建造物を元にした領海やEEZは設定できない。

国際紛争の焦点となっている岩礁

ロッコール島（ロックオール島）　北大西洋上の海面に突出した小さな塔状の岩（高さ約23m、直径27m）だが、イギリス、アイルランド、デンマーク、アイスランドが領有権を主張していた。しかし、国連海洋法条約の121条3項に規定された「人間の居住又は独自の経済的生活を維持することのできない岩」とみなされ、現在はどの国にも属さない。

離於島（韓国名）・蘇岩礁（中国名）　東シナ海沖合にある暗礁で、中国と韓国が共同管理している排他的経済水域内にある。この岩礁は干潮時にも最高点が海面下4.6mの海中にあり、岩が海面上に姿を現すことはない。しかし、韓国はこの暗礁を自国の島であると主張し、1995年から2001年にかけて暗礁の上に海洋調査施設を建設した。これに対し、中国は自国の大陸棚にある暗礁で、領有権は中国にあると抗議している。

ミスチーフ礁（美済礁）　南シナ海の南沙諸島にある環礁のひとつで、海面付近に暗礁が点在する。フィリピンのEEZ内にあるが、1995年に中国がフィリピン海軍の隙をついて建築物を建造し、不法占拠を続けている。フィリピンの抗議に対し、中国は自国の漁師を守るための施設であると主張して譲らない。フィリピンは2013年1月に中国を相手どり国際仲裁裁判所へ単独提訴した。（☞p.41）

国境を形成する島めぐり ── 第3章

国境を形成する島 ⑭

小笠原諸島（東京都）

小笠原諸島（小笠原村）

◎人口：2,785人

　日本列島の南南東約1,000kmの太平洋上にある30余の島々。父島、母島、硫黄島、南鳥島以外の島は無人島。島名は、17世紀に浪人・小笠原貞任が、先祖の深志城主小笠原貞頼が1593年に発見した島だと所有権を主張したことによる。貞頼は実在せず、訴えは虚言だったが、幕末にアメリカと島の領有権を争った際、幕府は貞任の虚言と林子平の『三国通覧図説』を領有権の根拠としたという。

　日本人が入植する以前、ハワイからの移民らが居住していたが、1876年、小笠原諸島の日本統治を各国に通告して日本の領有が確定した＊。

　太平洋戦争後、アメリカの統治下にあったが、1968年6月26日に日本へ返還された。

父島　◎面積：23.80km²

　小笠原諸島最大の島。島名の由来は、1861年、幕府の外国奉行水野忠徳が巡視した際、島々の配置が家族のように見えたことによる。幕末にはペリーが来航し、住民の代表と薪炭と食糧の供給を取り決めた。明治初期、日本の領有が確定すると、日本人37名が父島に定住した。太平洋戦争の開戦時には、母島と合わせて約7000人の住民がいたが、本土へ強制疎開させられ、永らく帰島できなかった。

母島　◎面積：20.21km²

　父島から南へ50km。父島より少し小さい島。母島の南側には平島・向島など小島が点在し母島列島を形成している。17世紀に紀州の蜜柑船が漂着したため島の存在が知られた。幕府は、1675年に調査船富国寿丸を派遣し島々の調査を行い「此島大日本之内也」という碑を設置した。明治初期に、日本人6名が母島に定住した。

＊英語での呼称がBonin Islamds（無人島）だったことが日本の領土とされる主な根拠とされた。

国境を形成する島 **15**

硫黄島・南鳥島（東京都）

硫黄島（小笠原村）
◎ 面積：23.16km²　◎ 人口：海上・航空自衛隊職員他

　東京から約1,200km、父島の南南西275kmにある火山島。周囲の島々と合わせて火山列島（硫黄列島）を形成している。1876年に小笠原諸島の日本領有が確定すると、1889年頃から硫黄の発掘のための入植が始まった。硫黄島が正式に日本領となったのは1891年。その後、サトウキビ栽培などが営まれ、最盛期には1,000人もの住民が暮らしていた。太平洋戦争の激戦地（硫黄島の戦い）として知られ、現在は自衛隊の基地が置かれている。

南鳥島（小笠原村）
◎ 面積：1.51km²

◎ 人口：海上自衛隊員、気象庁職員、海上保安庁職員、約40人

　東京から南東1,950km、小笠原父島から東南東1,100kmにある日本最東端の島。1896年、小笠原諸島の母島から開拓移民が入り、アホウドリの羽毛採取と漁業で生活を始めた。日本領に編入されたのは1898年である。

　1933年に再び無人島になったが、1935年に日本海軍の施設が建設され、太平洋戦争、アメリカの統治を経て、1968年に日本に返還された。別名マーカス島。

　現在の南鳥島には旧海軍が作った司令部や滑走路、2000年に新設されたロラン塔（アンテナ）等があり、海上自衛隊、気象庁、海上保安庁等の施設になっている。

火山列島（硫黄列島）

北硫黄島　榊ケ峰 792m

硫黄島　擂鉢山 161m　太平洋戦争の激戦地

南硫黄島 916m

0　10　20km

国境を形成する島めぐり ― 第3章

流人の島と伊豆諸島

　流罪は死刑に次ぐ重刑で、古代では都からの距離に応じて、近流・中流・遠流の3等級があった。遠流は政治犯が多く、彼らは佐渡島や隠岐諸島などの離島に流された。

　江戸時代になると、流刑地として注目されたのは伊豆七島＊（大島、新島、三宅島、八丈島）で、罪に応じて各島に送られた。

　江戸から約300km離れた八丈島は遠流の島で、初期は政治犯・思想犯などが流された。その代表は関ヶ原の戦の敗将・宇喜多秀家である。

　やがて様々な犯罪者が流されるようになり、1606年～1871年の間に約1800名の流人が送り込まれた。そのうち武士は約30%、僧侶が13%、女性も70人ほどいた。北方探検で有名な近藤重蔵の長男・近藤富蔵も殺人罪で流され、島の地誌を記した貴重な記録『八丈実記』を残している。

　流人は、春か秋に50～80トンの帆船で、三宅島に送られ、半年ほど風待ちして八丈島に送られた。島に着いた流人は村ごとに配分され、農業の手伝いをしながら暮らしたが、武家や僧侶出身者は、村人や子供達の教育に貢献した。八丈島の流人が赦免されたのは、明治維新後の1873年で、それまで「島抜け」を試みた件数は18回、成功したのは1回のみであった。なお、日本で流罪が廃止されたのは、刑法が制定された1908年である。

　八丈島の南には青ヶ島、さらに南には鳥島がある。いずれも火山島で、青ヶ島は伊豆諸島の有人島としては最南端になる。鳥島はアホウドリの生息地として有名。島の西側には1965年の火山活動で閉鎖された気象庁鳥島気象観測所の建物が残っている。

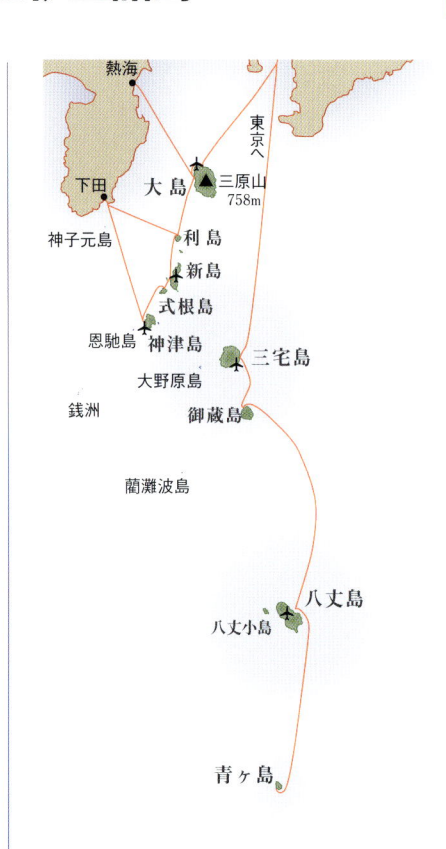

＊伊豆七島は、江戸時代に人が居住していた島で、上記の4島に利島、神津島、御蔵島の3島を加えて七島という。

第4章
日本の国土の成り立ち

天保国絵図「松前国」(国立公文書館蔵)
天保9(1838)年に完成した絵図には、北方4島と樺太がほぼ正確に描かれている。

古代 ❶
倭国の登場

　弥生時代、北海道と南西諸島を除く日本列島の大部分に、農耕を基盤に強い絆で結ばれた集落ができ、さらに、強力な集落がいくつかの集落を統合した小さな「クニ」が出現するようになった。1世紀につくられた中国の史書『漢書』「地理誌」には、倭人の社会は「分かれて百余国」と記されている。これは、北部九州を中心に多くの「クニ」が併存していた当時の状況を描いたものであろう。

　次いで3世紀につくられた『三国志』の「魏志倭人伝」には、2世紀後半に倭国は乱れたが、諸国が邪馬台国の女王卑弥呼を共立し争乱は収まったと記されている。同書には、30ヵ国が中国に使者を送って来るとあることから、倭国は多くの「クニ」が30ばかりの「国」へとまとまっていったと思われる。

　この邪馬台国の所在地については、北部九州説と近畿説があるが、近年の発掘や研究の進展により、奈良県桜井市の纒向遺跡が有力視されている。前方後円墳の起源である「纒向型」前方後円墳は、3世紀前半のヤマト政権の王都ともいわれる纒向（奈良県桜井市）で誕生し、各地のクニにも取り入れられていった。

3世紀前半の東アジア

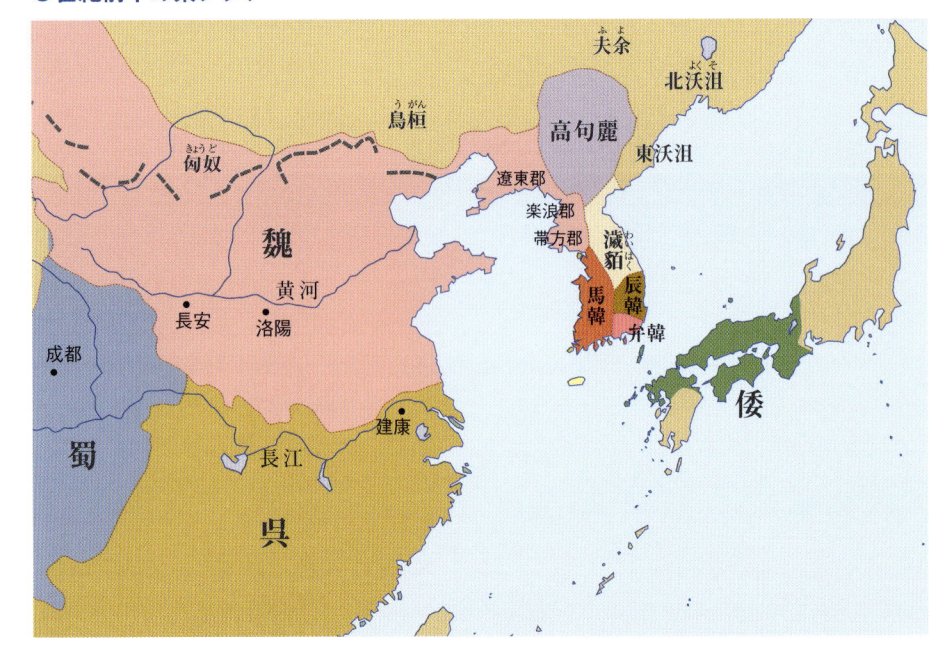

纒向型前方後円墳の分布は、畿内系土器が流入した地域とも重なっている。その分布から推定すると、当時の倭国の版図は、北部九州から関東まで、点々と「クニ」が存在しているものの、倭国としての一体感は薄かったと思われる。

朝鮮半島南部 「魏志倭人伝」には、中国が朝鮮半島中西部に置いた帯方郡から邪馬台国に至る道程が記されているが、倭国の北限を朝鮮半島南岸の狗邪韓国（加羅）としており、倭国の勢力がそこまで及んでいたことを示している。

九州南部 現在の鹿児島県にあたる薩摩や大隅には、狩猟・漁労民の隼人がおり、彼らは卑弥呼を共立した邪馬台国連合には加わらず、対立していた。「魏志倭人伝」によれば、邪馬台国の南に、連合に与しない狗奴国があったとされる。狗奴国の位置については、肥後国（熊本県）の球磨郡や菊池郡城野とする熊襲説があるが、四国河野、近畿熊野や濃尾平野、関東毛野などの説もある。

ヤマト王権の誕生 3世紀から4世紀になると大和地方（奈良県）を中心に強力な政治連合が形成され、その連合体であるヤマト王権は、日本列島の中部・関東にまで支配を広げ、古墳時代へと移行する。5世紀後半には、東北から九州南部までを支配下に置いたことが、古墳の分布から見てとれる。

前方後円墳の起源である「纒向型」前方後円墳は、3世紀前半のヤマト政権の王都だともいわれる纒向（奈良県桜井市）で誕生し、各地のクニにも取り入れられていった。纒向型前方後円墳の分布は、畿内系土器の庄内式や布留式土器が目立って流入した地域とも重なっている。

3世紀前半の倭国の版図

この図は、当初の倭国版図のイメージを表す。

■ 畿内系土器の流入した地域
● 纒向型前方後円墳
（前方部が後円部に比べてて著しく小さく低平という特徴がある）

日本の国土の成り立ち —— 第4章

古代 ❷

律令国家の境界

　7世紀半ば、中国の唐が朝鮮半島の高句麗を攻めると、新羅は唐に接近し、百済は倭を頼ったため、緊張が高まった。倭では、国内の統一と、天皇を頂点とする中央集権化が急がれ、大和朝廷は大化の改新(645年)から大宝律令の制定(701年)までに、唐にならって律令制度を整えた。

　中央の行政組織を定める一方、全国を畿内と七道に行政区分し、そのもとに国(旧国)・郡・里(のち郷)を置いた。

　日本という国号が、正式に用いられるようになったのも、天武・持統朝期(673～697年)であった。律令国家となった日本の境界はどうなっていただろうか。

対馬　古くから朝鮮半島と北九州の交通路として開けていた対馬には国(国府)が置かれた。唐・新羅の連合軍と戦った倭の百済救援軍は、663年の白村江の戦いで敗れ、朝鮮半島への影響力を失った。朝廷は唐・新羅の侵攻に対する備えの強化を迫られ、対馬や筑紫に防人を置き、大宰府防衛のため水城や山城を築いた。

九州南部　隼人は5世紀にはヤマト政権に服属したが、以後もたびたび反乱を起こした。隼人地域には7世紀に日向国が建てられたが、702年に薩摩国が、713年には大隅国が、それぞれ分置された。

　隼人最後の大規模な反乱が、721年に

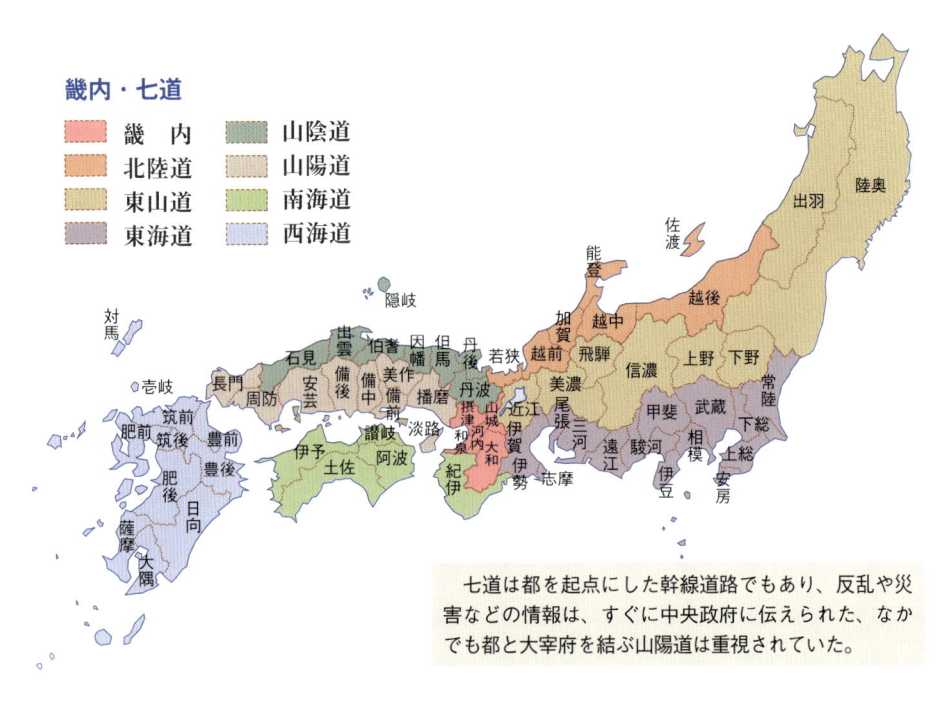

畿内・七道
- 畿内
- 北陸道
- 東山道
- 東海道
- 山陰道
- 山陽道
- 南海道
- 西海道

> 七道は都を起点にした幹線道路でもあり、反乱や災害などの情報は、すぐに中央政府に伝えられた、なかでも都と大宰府を結ぶ山陽道は重視されていた。

遣唐使の航路（7～9世紀）

白村江の戦いの後、再開された遣唐使船は、朝鮮半島を経由しない航路を模索した。その過程で、朝廷と掖玖（屋久島）、多禰（種子島）、奄美（奄美大島）、度感（徳之島）の間に関係が生まれたとみられる。（☞P.60）

大伴旅人によって征討された以後は、大和朝廷に完全に服従した。

また、7世紀前半から掖玖（屋久島）、7世紀末には多禰（種子島）、奄美（奄美大島）、度感（徳之島）が朝廷に貢ぐようになり、702年には種子島・屋久島に多禰国が置かれた。この多禰国は、平安時代前期の824年に大隅国に編入される。

北陸 唐・新羅連合軍に高句麗が滅ぼされたあと、698年に中国東北部から朝鮮半島北部にかけて渤海国が興った。渤海は唐・新羅との対抗上、日本との交流を求め、使節を派遣して来た。727年に始まった来朝は、渤海が滅亡する920年代まで30数回に及んだ。北陸地方はその海路の重要な上陸地となり、渤海使を宿泊させるため、福浦（石川県）に能登客院、敦賀（福井県）に松原客院が設けられた。

東北 エミシ（蝦夷）と呼ばれ、大和朝廷の支配に抵抗し続けた東北地方の在地

大和朝廷の東北地方進出（7～8世紀）

勢力に対し、大和朝廷は7～9世紀に征討を進め、領域を拡大した。8世紀、太平洋側に多賀城、日本海側に秋田城を築いて東北経営を進め、802年には胆沢城を築いた。これにより、律令国家の領域は、現在の岩手県と秋田県のそれぞれ中部にまで拡張された。

中世

定まらない境界

　日本の律令制度は、平安時代中期の10世紀には事実上崩壊し、以後は、武士が政権を担う中世社会が、1192年の鎌倉幕府成立から戦国期までの約400年間続くことになる。

　日本の中世社会は、前後する古代と近世とは異なり、統一的な制度が明確には存在せず、多元的で分裂的であった。朝廷を中心とする公家、大寺社、武家の幕府が法的にも分立して地方を支配し、それぞれが社会と境界を形成していた。

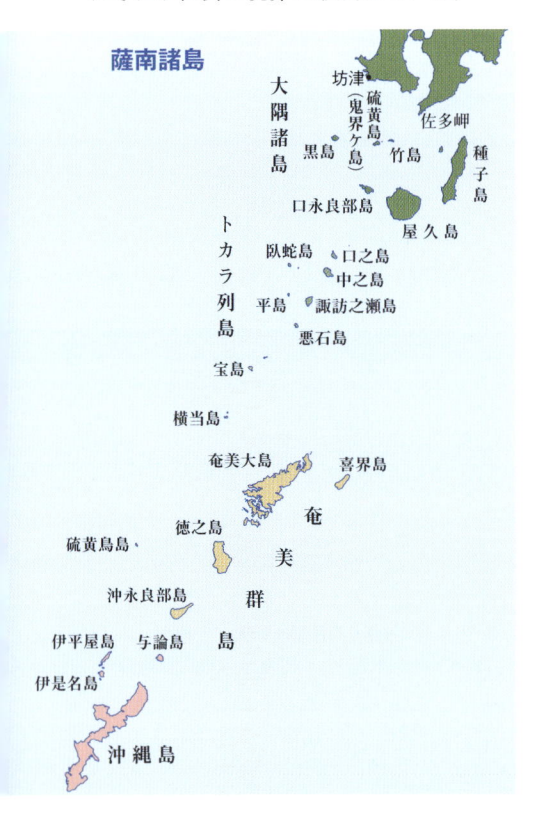

蒙古襲来（元寇）　13世紀の中国に元を樹立したモンゴルのフビライは、日本にも服属を迫った。鎌倉幕府の執権北条時宗がそれを拒否したため、フビライは1274年と1281年の2回、モンゴル・元・高麗軍を日本に派兵した。幕府は異国警固番役を設けて九州をはじめ全国から御家人らを集めて防衛を強化した。折からの暴風雨によって2度の侵攻が阻止されたことから、これを「神風」と呼んだ。

　元寇によって、朝廷の西国、幕府の東国という領域意識は希薄になり、人々の間に国土の一体感が醸成された。

東北　陸奥ではエミシの豪族安倍氏が強大な勢力を築いていたが、11世紀半ばからの前九年の役、後三年の役の結果、安倍氏が亡び奥州藤原氏が支配者となった。

　しかし、源平の戦いの後、源頼朝が弟義経追討軍を送り、1189年の奥州合戦で藤原氏を滅亡させ支配下に置いた。鎌倉時代中期には、執権北条氏によってほぼ本州北端まで支配するに至った。

薩南諸島　鎌倉時代の前半、薩摩の守護島津氏が大隅諸島を、また千竈氏が坊津・喜界島・奄美大島・徳之島・沖永良部島などの北条得宗家の代官職を務めた。

　室町時代になると千竈氏は島津氏の配下となる。坊津は遣明船や倭寇の寄港地になるなど、琉球や中国との貿易で栄えた。しかし、1429年に琉球王国が誕生するなど、日本の領域は定まらなかった。

琉球 11世紀から12世紀にかけての沖縄島にはグスク（城）が各地に築かれ、各首長が抗争を繰り広げていた。各勢力は14世紀前半に北山・中山・南山の三山にまとまり、以後三山の対立が続いたが、1429年に中山王の尚巴志が三山を統一、琉球王国が誕生した。琉球王国は、北は奄美諸島、南は先島諸島まで支配、明や日本と国交を結び、東南アジア諸国家間の中継貿易で栄えた。(☞ p.64)

蝦夷地 本州北端から蝦夷島（北海道）、樺太（サハリン）、千島列島には、弥生時代以降も漁猟採集生活を続けていたアイヌが居住していた。13〜15世紀に北方諸民族や中国、日本などとの接触が増えると、民族としてのまとまりを強めていった。和人（日本人）が北海道南部へ進出したのは13世紀頃である。15世紀になると、和人は蝦夷島南部に館と呼ぶ根拠地をつくり、交易を始めたが、主要河川をおさえられ生産基盤を奪われたアイヌは蜂起し、1457年に「コシャマインの乱」を起こした。しかし、蝦夷地南岸に居住していた小豪族の蠣崎氏に制圧され、道南地域を支配されることになった。

その後、蠣崎氏は松前氏と改称し、アイヌ交易の独占権を得ると、アイヌの反乱を鎮めながら道内に勢力を広げた。

倭冦 鎌倉末期から南北朝の混乱の中で、九州北部を根拠とする武士の集団が船団を組み、朝鮮半島の沿岸から内陸、さらに明の沿岸などで略奪を行った。この海賊集団は、日本人だけでなく済州島の海民や高麗（939〜1392年）の下層階級の人々も加わっていたといわれるが、中国・朝鮮ではこれを「倭冦」と呼んだ。明・高麗・李氏朝鮮の要請による室町幕府の倭冦禁圧によって衰退した。この14〜15世紀の倭冦を前期倭冦という。

前期倭冦（14〜15世紀）

朝鮮（李氏）1392〜1910
明 1368〜1644
北京
漢城
南京
京都

● 倭冦の根拠地
・ 倭冦の侵略地

刀伊の入冦

刀伊は満洲の女真族とみられる海賊船団で、1019年、約50隻、約3000人の船団が対馬に来襲した。さらに船団は壱岐を襲撃した後、筑前国の現在の博多周辺まで侵入した。結局、九州の豪族らによって撃退されたが、島々を蹂躙し千人以上の日本人を拉致して引き上げた。(☞ p.58)

応永の外冦

1419年6月、李氏朝鮮は倭冦撃退を名目に、対馬の守備体勢が手薄になるときをねらって227隻、約17,000人の軍勢を対馬に侵攻させた。対馬の宗氏は、これに対峙し、戦局は膠着状態に陥った。やがて戦力の損害が大きくなった李氏朝鮮軍は、対馬軍の撤退要求を受け入れ全面撤退した。

近世 ❶

鎖国下の窓

　16世紀末、織豊政権によって全国が統一されると、人々の目は海外にも向けられるようになった。江戸時代初期には朱印船貿易により、日本の商船がルソン（フィリピン）やインドシナ半島に進出し、日本人町がマニラやホイアン（ベトナム）、アユタヤ（タイ）などにつくられた。

　しかし徳川政権は、キリスト教信者の増加や貿易による西国大名・豪商の富強化を怖れ、鎖国へと政策を転じた。徳川幕府は、大政奉還した1867年まで約270年続いたが、そのうちの200年余は鎖国政策がとられた。

　しかし、鎖国下においても、以下の四つの窓口は開かれていた。

長崎－オランダ・中国　キリスト教の布教に熱心だったポルトガルが、1639年に来航を禁じられると、貿易の利益のみを求めたオランダが、1641年に東インド会社の支店を長崎の出島に置くことを許された。以後、幕府はオランダを通してのみヨーロッパと繋がることになった。

　中国に対しては、長崎郊外に唐人屋敷をつくり、居住をそこに限定した。出島、唐人屋敷とも長崎奉行が管轄し、出入りは厳しく制限された。

対馬藩－朝鮮　15世紀初頭に足利義満が日本国王として朝鮮と外交関係を開いて以後、両国は使節を往来させて来た。この関係は豊臣秀吉による朝鮮出兵でいったん途絶えたが、徳川政権になった1605年に対馬藩の宗氏の尽力で関係は修復された。以後、朝鮮通信使が将軍の代替わりごとに計12回来日し、大陸の文化を得ようとする人々に各地で歓待された。また宗氏は、対朝鮮貿易の独占を認められ、釜山に倭館を置いた。

薩摩藩－琉球王国　1429年に三山を統一して誕生した琉球王国は、1609年に薩摩藩に侵攻されて敗北、日本に服属した。ただ、琉球から貿易の利益を得るために王国体制は残され、薩摩藩による間接支配となった。明との朝貢関係も維持された。琉球王国は、王の交代のたびに就任を感謝する謝恩使を、また将軍の代替わりごとに慶賀使を江戸に派遣した。

松前藩－アイヌ　松前藩は、1604年に徳川家康からアイヌ交易の独占権を認められた。米が生産できない藩の経済的な基盤がアイヌとの交易にあったことから、家臣の知行も交易権の分与であった。しかし、アイヌと和人との自由な貿易は制限されたため、収入を増やそうと家臣は競って収奪を強めた。その結果、アイヌの不満が爆発したのが1669年のシャクシャインの戦いである。これに敗れたアイヌは松前藩に服従させられた。

　18世紀以降は、場所商場（交易地）の運営が上方の商人に任せられるようになった。請負商人たちは利益を求め搾取を行ったが、松前藩がこれを取り締まることはなかった。

鎖国下の貿易（四つの口）

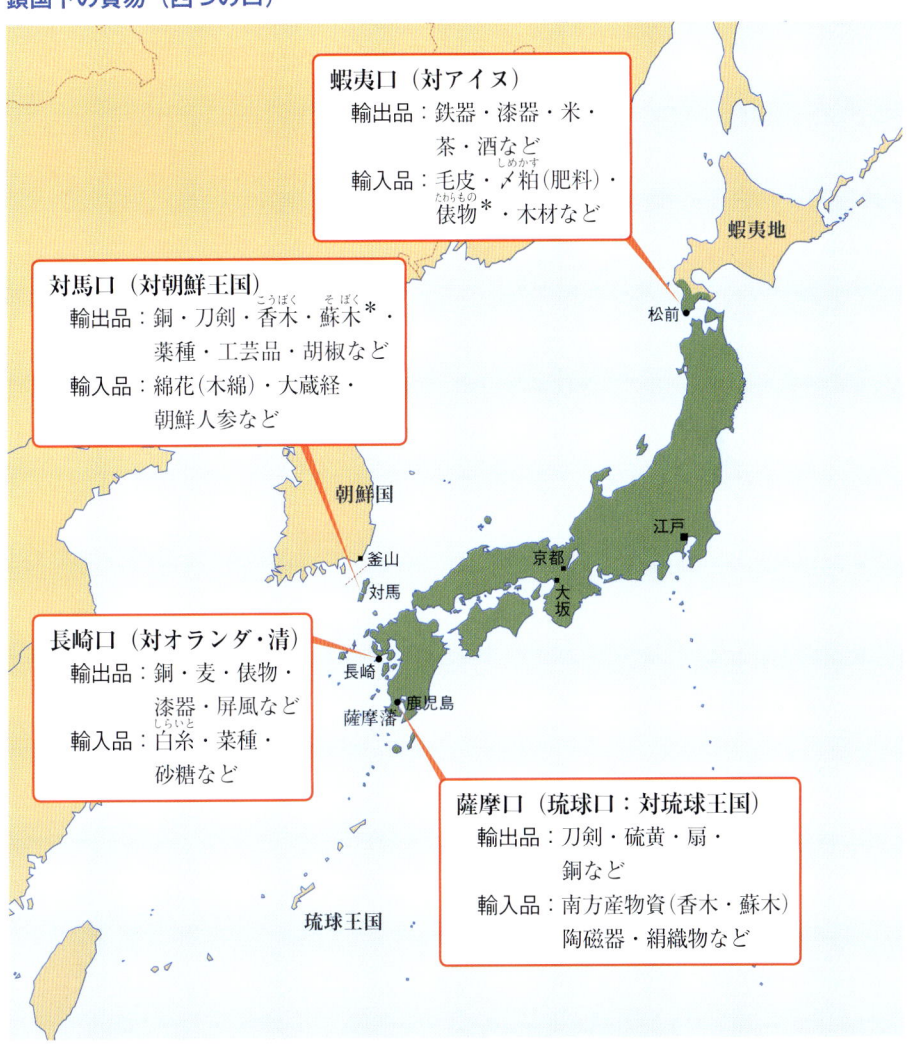

蝦夷口（対アイヌ）
輸出品：鉄器・漆器・米・茶・酒など
輸入品：毛皮・〆粕(肥料)・俵物*・木材など

対馬口（対朝鮮王国）
輸出品：銅・刀剣・香木・蘇木*・薬種・工芸品・胡椒など
輸入品：綿花(木綿)・大蔵経・朝鮮人参など

長崎口（対オランダ・清）
輸出品：銅・麦・俵物・漆器・屏風など
輸入品：白糸・菜種・砂糖など

薩摩口（琉球口：対琉球王国）
輸出品：刀剣・硫黄・扇・銅など
輸入品：南方産物資(香木・蘇木)陶磁器・絹織物など

雨森芳洲 (1668～1755)

江戸時代の朱子学者。朝鮮語、中国語に通じ、対馬藩に仕え、朝鮮との外交に活躍した。特に朝鮮の風俗・習慣をよく理解し、違いを尊重して外交にあたったため、朝鮮からの信頼も篤く両国の親善に大きな功績を残した。

オランダ風説書

出島のオランダ商館長からオランダ船が入港するたびに幕府に提出された海外事情報告書で、長崎奉行を通して翻訳後、江戸に送られた。閲覧は幕府の要人に限られ、後の黒船来航も幕府は事前に知ることができた。

*俵物は、いりこ・干しあわび・ふかのひれを俵に詰めたもので、清への重要な輸出品となった。また、蘇木は薬や染料に用いられた。

近世 ❷
異国船の来航と国防意識

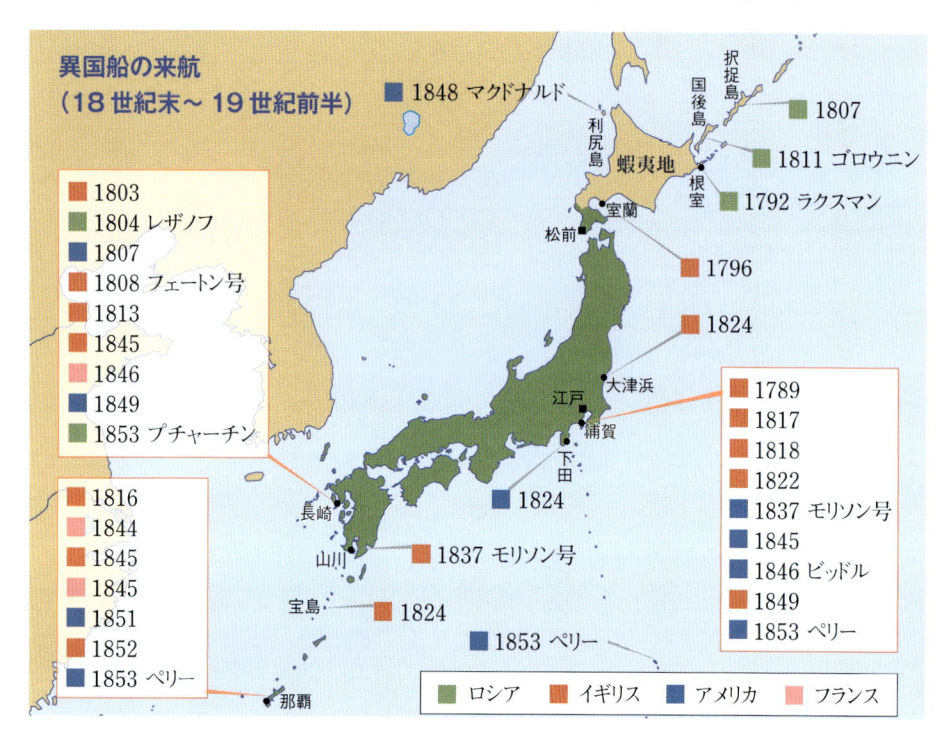

異国船の来航（18世紀末～19世紀前半）

地図凡例：
- 1803
- 1804 レザノフ
- 1807
- 1808 フェートン号
- 1813
- 1845
- 1846
- 1849
- 1853 プチャーチン

- 1816
- 1844
- 1845
- 1845
- 1851
- 1852
- 1853 ペリー

地図上の記載：
- 1848 マクドナルド
- 1807（択捉島・国後島付近）
- 1811 ゴロウニン
- 1792 ラクスマン（根室）
- 利尻島・蝦夷地・室蘭・松前
- 1796
- 1824
- 大津浜・江戸・浦賀・下田
- 1789／1817／1818／1822／1837 モリソン号／1845／1846 ビッドル／1849／1853 ペリー
- 1824（下田付近）
- 長崎・山川
- 1837 モリソン号
- 宝島 1824
- 1853 ペリー
- 那覇

凡例：■ロシア　■イギリス　■アメリカ　■フランス

　日本が長く鎖国政策を維持できたのは、日本列島が欧米から見れば辺境の極東に位置していたこと、大陸とは海で隔てられた島国だったなどの自然的条件によるところが大きかった。

　しかし、18世紀末になると、まずロシアが根室や長崎に来航し通商を求めた。幕府は要求を拒絶し、江戸湾や蝦夷地の海防を諸藩に命じ、蝦夷地を幕府直轄とする一方、東蝦夷地から択捉島、また西蝦夷地から樺太を探査させた。

　1808年にはイギリス軍艦フェートン号が長崎に侵入する事件が起き、その後もイギリス船やアメリカ船が日本近海に出没し、1825年に幕府は異国船打払令を出した。しかし、1853年にアメリカのペリー艦隊が浦賀に来航し、測量隊を江戸湾に進めて威嚇すると、軍事力に劣る幕府は翌年条約を締結、鎖国政策を転換した。

工藤平助／林子平
（1734～1800）　（1738～93）

　ロシアの南下に対し北方防備の必要を訴えたのは、仙台藩医の工藤平助と林子平である。平助は『赤蝦夷風説考』（1781年）で海防の重要性を、子平は『海国兵談』（1787年）で海岸砲台と海軍の設置を訴えた。しかし、内政に重きを置く老中松平定信によって両書は発禁になり、二人は処分された。

北方探査 18世紀末以降のロシアの来航に対し、幕府は海防のために、蝦夷地とその北方探査に乗り出した。最上徳内、近藤重蔵らは数回にわたり蝦夷地から千島方面を探査、国後島、択捉島、得撫島まで入った。とくに近藤は、高田屋嘉兵衛の協力を得て択捉航路を開いた。また、間宮林蔵は2回にわたって樺太を探検、同島が島であることを初めて確かめた。

日本地図 幕府は、支配する領域を日本図で示そうとしたが、境界については不明確なままだった。しかし、ロシアの接近という事態は、異国との境界を意識させることになった。1785年に林子平が完成した「三国通覧輿地路程全図*」は日本を中心に朝鮮・琉球・蝦夷などの境界を明らかにしている。

また、正確な地図も求められるようになり、伊能忠敬は、1800年に自費で蝦夷地や奥州道を測量、作製した地図を幕府に献上した。幕府はその測量技術の確かさを買い、忠敬は56～72歳の17年間全国をめぐって測量、死後に弟子らが「大日本沿海輿地全図」を完成させた。これは日本で初めての実測地図で、近代的な日本地図作成の基礎を築いたものだった。

蛮社の獄 1837年にアメリカのモリソン号が日本の漂流民を乗せて浦賀に来航したが、浦賀奉行は異国船打払令により撃退した。事件後、幕府は江戸湾防備を強めたが、欧米の軍事力を知る渡辺崋山や高野長英は幕府の強硬策を批判した。この開明派の意見は、この段階では幕府に受け入れられず、両者は投獄された。

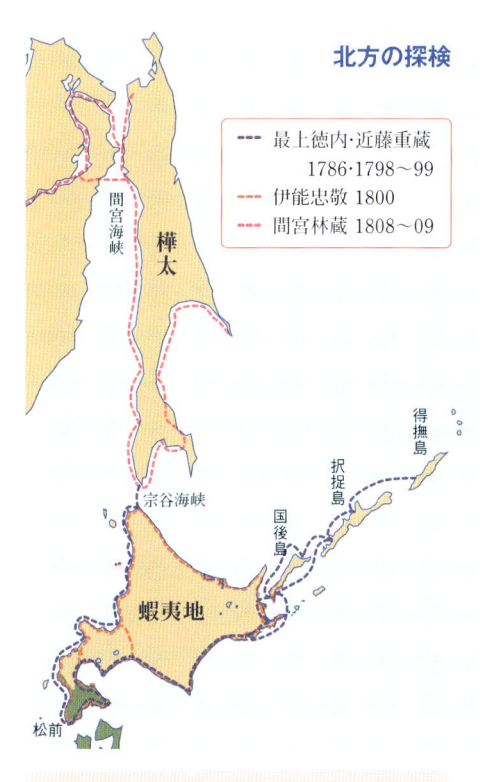

北方の探検

- ─── 最上徳内・近藤重蔵 1786・1798～99
- ─── 伊能忠敬 1800
- ─── 間宮林蔵 1808～09

大黒屋光太夫 (1751～1828)

1783年、伊勢の船頭・大黒屋光太夫は、江戸への航海中、駿河沖で漂流し、アリューシャン列島のアムチトカ島に漂着した。先住民やロシア人に救助された光太夫らは、シベリアの首府イルクーツクに行き、そこでキリル・ラクスマンの援助を受け、1791年、サンクトペテルブルクでエカチェリーナ2世に謁見し帰国を許された。漂流民3名の返還と国交交渉の遣日使節として派遣されたのは、キリルの次男アダム・ラクスマンである。

1792年、光太夫らは約10年ぶりに根室に上陸し江戸に送られた。老中松平定信は、光太夫からロシア情勢を聞いて樺太や千島列島警護の重要性を知ったのである。

*輿地　万物をのせる輿（こし）の意。すなわち地球、大地、全世界。

近代 ❶
開国と国境の画定

　1853年にペリー艦隊が来航し、翌年締結された日米和親条約で下田・箱館を開港したことにより、200余年続いた鎖国は終止符を打った。1858年には日米修好通商条約が結ばれたが、この条約は、最恵国待遇を強制され、領事裁判権を認め、関税自主権がない不平等なものだった。幕府はイギリス、ロシア、オランダとも同様の条約を結ばざるを得なかった。

　朝廷はこれらの条約を認めず、各地で尊王攘夷運動が活発となった。幕府は国防強化に努める一方、公武合体など幕制改革を試みたが、結局は薩長同盟による倒幕となり、1867年に大政が奉還された。この間、薩摩藩や長州藩では攘夷論が支配的だったが、1863年の薩英戦争、翌年のイギリスをはじめとする四国艦隊下関砲撃事件によって、両藩とも攘夷が不可能なことは悟っていた。

　開国後は、近代国家として他国との間で領域を確定することが必要になった。

琉球処分　琉球は江戸時代、日本（薩摩藩）と清との両属関係にあったが、明治政府は、1872年に琉球藩を設置して政府直属とした。宗主権を主張する清政府はこれを認めなかった。しかし、台湾南部に漂着した琉球諸島民が殺害された事件を口実に、明治政府は1874年に台湾に出兵、制圧した。これは、近代日本軍の最初の海外派兵となった。清政府が日本軍の出兵を義挙と認めて賠償金を支払ったため、日本は撤兵した。これをきっかけに政府は琉球の内地化を一挙に進め、1879年に琉球藩および琉球王国の廃止と沖縄県設置を強行（琉球処分）、琉球は日本に組み込まれた。

日魯通好条約と樺太千島交換条約　幕末の1855年に結ばれた日魯通好条約で、千島列島ついては択捉島と得撫島の間に国境線を引き、一方樺太（サハリン）では国境を設けず、これまでどおり両国民雑居とした。以後、樺太の帰属は懸案となったが、ロシアの圧力を憂慮した明治政府は、北海道開拓に集中するため、1875年にロシアと樺太千島交換条約を結び、樺太を放棄するかわりに全千島を領有することになった。

小笠原諸島の領有　17世紀以降、日本、アメリカ、イギリスがそれぞれ領有宣言をした小笠原諸島は、維新後の1876年に、両国の承認を得て日本が領有することになり、内務省が管轄した。その後、1880年に東京府所属となり、1886年に小笠原島庁が父島に設けられた。現在は東京都。

尖閣諸島　明治初期、民間人の開拓申請を受け、10年にわたる現地調査の結果、この島々が無人島で、どの国の支配下にもないことを確認した明治政府は、1895年に日本領に編入する閣議決定をした。魚釣島を中心に鰹節工場やアホウドリの羽毛加工場が設けられ、一時は活発に事業が展開された。2012年に国有化。

国境の画定（19世紀後半）

- 1822 松前藩領
- 1855 日魯通好条約
- 1869 開拓史所管
- 1870 樺太開拓史所管
- 1875 ロシア領

1875年の国境
千島列島
1855年の国境
樺太
ロシア
清
北海道
札幌
1869 開拓史の設置
朝鮮
東京
日本

- 1875 江華島事件
- 1876 日朝修好条規

1876 内務省所管
小笠原諸島

- 1895 日本領（閣議決定）

尖閣諸島
沖縄島
台湾島

- 1872 琉球藩の設置
- 1879 沖縄県の設置（琉球処分）

樺太と千島の交換の理由は？

1855年の日魯通好条約で、樺太は両国の雑居地と決まったが、ロシアの樺太開発が本格化すると各地で紛争が頻発した。徳川幕府も明治政府も樺太に国境を確定すべくロシアと交渉を続けたが、いずれも不調に終わった。

北海道開発に全力を注ぎたい明治政府は、1874年3月、榎本武揚を特命全権公使としてサンクトペテルブルクに派遣、樺太全島をロシア領にする代わりに得撫島以北の18諸島を日本領とする樺太千島交換条約を締結した。

＊小学唱歌集初編（1881年）に掲載の「蛍の光」4番の歌詞は「千島の奥も沖縄も八洲の内の護りなり」とある。

近代 ❷
条約の改正と領土の拡大

　国の自立と富国強兵をめざす明治政府にとって、旧幕府が欧米諸国と結んだ不平等条約の改正は避けて通れない外交課題だった。交渉は1871(明治4)年に始まったが、領事裁判権の撤廃、対等な最恵国待遇を経て、1911年に関税自主権が完全回復するまで、約40年が費やされた。

　一方、明治政府は、朝鮮、中国に対しては、日朝修好条規(1876年)、日清戦争を終結した下関条約(1895年)などで、逆に不平等条約を押しつけた。この日清戦争で勝利した日本は、初めての植民地として台湾を獲得、続く日露戦争(1904～05年)を経て帝国主義国家へと踏み出した。以後第二次世界大戦で敗北するまで、植民地や占領地を拡大した。

台湾　日清戦争（1894～95年）で勝利した日本は、戦後の下関条約で、中国の遼東半島、台湾、澎湖諸島を割譲させた。このうち遼東半島についてはロシア・フランス・ドイツの三国干渉で放棄したが、台湾と澎湖諸島は獲得した。以後、台北に総督府をおき、1945年の敗戦まで半世紀にわたって台湾を支配した。

朝鮮半島　清を宗主国として仰ぎ鎖国政策をとる朝鮮との国交を開こうとした明治政府は、拒絶する朝鮮に1875年に軍艦を送って挑発し(江華島事件)、翌1876年、不平等な日朝修好条規を結ばせた。1904～05年の日露戦争は、日本による韓国植民地化を推し進めることになった。1910年には韓国を併合、以後日本の敗戦まで、抗日運動を弾圧しつつ、社会資本を整備し、日本語の使用や天皇崇拝、創氏改名などの内地化を推進した。

中国　1932年の満州事変と傀儡の「満州国」建国を経て、1937年から日中全面戦争へと突入した。日本軍は南へと展開して主要な都市を占領したが、国共合作の抗日民族統一戦線の戦いに悩まされ、日本の敗戦まで戦線は膠着した。

太平洋諸島　第一次世界大戦後、敗戦国ドイツの植民地は、国際連盟によって委任された国が統治することになった。マリアナ諸島（グアム島を除く）、マーシャル諸島、カロリン諸島の北太平洋諸島は、日本が委任され、「日本委任統治領南洋群島」となり、パラオ諸島のコロール島に南洋庁が設置された。1933年に日本が国際連盟を離脱した後も、日本による委任統治は継続し、第二次世界大戦後は、国際連合の信託統治領として、統治権がアメリカに移された。

北方領土　1875年の樺太千島交換条約で日本は樺太（サハリン）を譲渡したが、日露戦争後の1905年の講和条約（ポーツマス条約）の結果、樺太は北緯50度以南が日本領、北がロシア領となり、また千島列島は引き続き日本が領有した。第二次世界大戦の末期、南樺太に約40万人、北方4島には約1万7千人の日本人が暮らしていた。

領土の拡大（19世紀末～20世紀初頭）

- 1905 ポーツマス条約で領有 → 南樺太
- 1895 下関条約で領有（同年返還）→ 遼東半島（旅順・大連）
- 1905 ポーツマス条約で租借権
- 1875 樺太・千島交換条約で領有 → 千島列島
- 1905 日本領が確定 → 竹島
- 1904 第1次日韓協約
- 1905 第2次日韓協約
- 1907 第3次日韓協約
- 1910 日韓併合
- 1895 下関条約で領有 → 台湾
- 1902 日本領が確定 → 南鳥島
- 1920 国際連盟より委任統治
- 1931 日本領が確定（小笠原支庁編入）→ 沖ノ鳥島
- 1922 国際連盟より委任統治 → 南洋群島（マリアナ諸島）

ロシア／韓国／日本／小笠原諸島／硫黄島／グアム島（米領）

日本の国土の成り立ち — 第4章　93

現代
領土の回復と新たな問題

　1940年にドイツ、イタリアと同盟を結んだ日本は、フランスとの静謐（せいひつ）外交により仏領インドシナに進駐し、1941年からの太平洋戦争では、ハワイのアメリカ太平洋艦隊を奇襲した（真珠湾攻撃）。緒戦では、英領のマレー半島・シンガポール・香港・ビルマ（ミャンマー）、蘭領東インド（インドネシア）、米領フィリピンなどを次々と占領した。しかし、1942年のミッドウェー海戦での敗北以後は南太平洋で次々と敗北し、1945年の沖縄戦と広島・長崎の原爆投下を経て降伏した。

　敗戦後、日本は連合国に占領されたが、ドイツとは違い、事実上アメリカの単独占領となった。当初アメリカは一連の民主化政策を進めたが、朝鮮戦争、東西冷戦の進展に伴って占領政策を転換、経済復興を優先させるとともに、占領を早期に終わらせて日本をアジアにおける西側陣営の防壁に育てようとした。

サンフランシスコ平和条約　日本は1951年に、ソ連や中国を除くアメリカやイギリスなど48カ国とサンフランシスコ平和条約に調印、翌年の条約発効で独立を回復した。この条約で日本は、朝鮮の独立を承認し、台湾・澎湖島・千島列島・南樺太・新南群島*を放棄。アメリカは琉球諸島・小笠原諸島を施政権下に置いた。

奄美群島・小笠原諸島の復帰　その後の沖縄返還運動の高まりなどを背景に、1953年に奄美群島、1968年に父島・母島・硫黄島・沖ノ鳥島などを含む小笠原諸島が返還された。

沖縄の返還と米軍基地　太平洋戦争で国内唯一の地上戦が行われ、甚大な犠牲を払った沖縄は、戦後も巨大な基地の島と化した。1972年に返還されたあとも、日米安全保障条約と日米行政協定のもとで、国内に置かれている米軍基地の約7割が集中している。

北方領土　第二次世界大戦末期、ソ連は日ソ中立条約を一方的に破棄して、満州、樺太に攻め込み北部朝鮮を占領した。同時に、日本の降伏と前後して南樺太、千島列島の占領作戦を行い、9月5日までに南樺太と北方4島も占領した。

　サンフランシスコ平和条約で日本は千島列島と南樺太を放棄したが、この条約にソ連は加わらなかったため、国際法上、帰属先が決まらない状態となっている。

新たな領土問題　サンフランシスコ平和条約の発効直前の1952年1月、韓国は一方的に竹島を含む軍事境界線（李承晩ライン）を設定し、竹島を不法占拠した。以後、島の領有権をめぐって日韓両国の対立が続いている。

　尖閣諸島は、サンフランシスコ平和条約で日本が放棄した領土に含まれず、アメリカ統治を経て、1972年に返還された。この地域の海底に石油資源埋蔵の可能性が指摘された1970年以降、台湾、中国が自国領土と主張し始めた。

*1938年、日本はフランスが領有していた南沙諸島の約百の島々を譲り受け、台湾の高雄市に編入、新南群島と命名した。

領土の回復

- ソビエト社会主義共和国連邦（ロシア連邦）
- サハリン（樺太）
- 中華人民共和国
- 朝鮮民主主義人民共和国
- 大韓民国
- 国後島
- 択捉島
- 色丹島
- 歯舞群島
- 北方領土 — 1945 ソ連が不法占拠
- 竹島 — 1952 韓国が不法占拠
- 日本 — 1951 サンフランシスコ平和条約で独立回復
- 台湾
- 尖閣諸島 — 1972 復帰
- 奄美群島 — 1953 復帰
- 沖縄 — 1972 復帰
- 小笠原諸島 — 1968 復帰
- 南鳥島 — 1968 復帰
- 沖ノ鳥島 — 1968 復帰
- マリアナ諸島

日本の国土の成り立ち ── 第4章

海洋法に関する国際連合条約（国連海洋法条約）

（1982年4月30日採択、1994年11月16日発効）

第7条　直線基線

1　海岸線が著しく曲折しているか又は海岸に沿って至近距離に一連の島がある場所においては、領海の幅を測定するための基線を引くに当たって、適当な点を結ぶ直線基線の方法を用いることができる。

2　三角州その他の自然条件が存在するために海岸線が非常に不定定な場所においては、低潮線上の海へ向かって最も外側の適当な諸点を選ぶことかできるものとし、直線基線は、その後、低潮線が後退する場合においても、沿岸国がこの条約に従って変更するまで効力を有する。

3　直線基線は、海岸の全般的な方向から著しく離れて引いてはならず、また、その内側の水域は、内水としての規制を受けるために陸地と十分に密接な関連を有しなければならない。

4　直線基線は、低潮高地との間に引いてはならない。ただし、恒久的に海面上にある灯台その他これに類する施設が低潮高地のとに建設されている場合及び低潮高地との間に基線を引くことが一般的な国際的承認を受けている場合は、この限りでない。

5　直線基線の方法が1の規定に基づいて適用される場合には、特定の基線を決定するに当たり、その地域に特有な経済的利益でその現実性及び重要性が長期間の慣行によって明白に証明されているものを考慮に入れることができる。

6　いずれの国も、他の国の領海を公海又は排他的経済水域から切り離すように直線基線の方法を適用することかできない。

第33条　接続水域

1　治岸国は、自国の領海に接続する水域て接続水域といわれるものにおいて、次のことに必要な規制を行うことができる。

　a　自国の領土又は領海内における通関上、財政上、出入国管理上又は衛生上の法令の違反を防止すること。

　b　自国の領土又は領海内で行われたaの法令の違反を処罰すること。

2　接続水城は、領海の幅を測定するための基線から24海里を超えて拡張することかできない。

第111条　追跡権

1　沿岸国の権限のある当局は、外国船舶が自国の法令に違反すると信ずるに足りる十分な理由があるときは、当該外国船舶の追跡を行うことができる。この追跡は、外国船舶又はそのボートが追跡国の内水、群島水域、領海又は接続水域にある時に開始しなければならず、また、中断されない限り、領海又は接続水域の外において引き続き行うことができる。領海又は接続水域にある外国船舶が停船命令を受ける時に、その命令を発する船舶も同様に領海又は接続水域にあることは必要でない。外国船舶が第33条に定める接続水域にあるときは、追跡は、当該接続水域の設定によって保護しようとする権利の侵害があった場合に限り、行うことができる。

2　追跡権については、排他的経済水域又は大陸棚（大陸棚上の施設の周囲の安全水域を含む。）において、この条約に従いその排他的経済水域又は大陸棚（当該安全水

＊2013年6月現在、164の国・地域と欧州連合が批准しているが、米国、ベネゼエラ、ペルーは署名もしていない。

を含む。）に適用される沿岸国の法令の違反がある場合に準用する。

3　追跡権は、被追跡船舶がその自国又は第三国の領海に入ると同時に消滅する。

4　追跡は、被追跡船舶又はそのボート若しくは被追跡船舶を母船としてこれと一団となって作業する舟艇が領海又は、場合により、接続水域、排他的経済水域若しくは大陸棚の上部にあることを追跡船舶がその場における実行可能な算段により確認しない限り、開始されたものとされない。追跡は、視覚的又は聴覚的停船信号を外国船舶が規定し又は聞くことができる距離から発した後にのみ、開始することができる。

5　追跡権は、軍艦、軍用航空機その他政府の公務に使用されていることが明らかに表示されておりかつ識別されることのできる船舶又は航空機でそのための権限を与えられているものによってのみ行使することができる。

6　追跡が航空機によって行われる場合には、

a　1から4までの規定を準用する。

b　停船命令を発した航空機は、船舶を自ら拿捕することができる場合を除くほか、自己が呼び寄せた沿岸国の船舶又は他の航空機が到着して追跡を引き継ぐまで、当該船舶を自ら積極的に追跡しなければならない。当該船舶が停船命令を受け、かつ、当該航空機又は追跡を中断することなく引き続き行う他の航空機若しくは船舶によって追跡されたのでない限り、当該航空機が当該船舶を違反を犯したもの又は違反の疑いがあるものとして発見しただけでは、領海の外における拿捕を正当とするために十分ではない。

7　【略】

8　【略】

第121条　島の制度

1　島とは、自然に形成された陸地であって、水に囲まれ、満潮時においても水面上にあるものをいう。

2　3に定める場合を除くほか、島の領海、接続水域、排他的経済水域及び大陸棚は、他の領土に適用されるこの条約の規定に従って決定される。

3　人間の居住又は独自の経済的生活を維持することのできない岩は、排他的経済水域又は大陸棚を有しない。

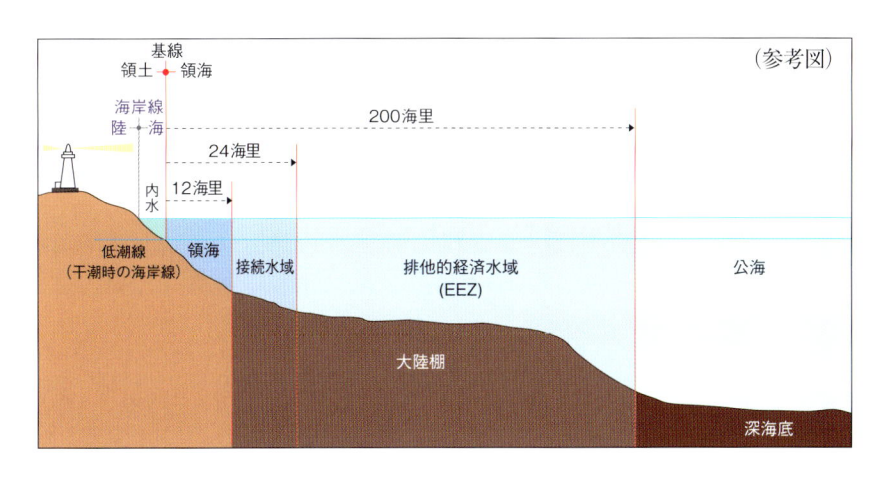

(参考図)

領海及び接続水域に関する法律（領海法）

（1977年5月2日制定）

(領海の範囲)
第1条 1 我が国の領海は、基線からその外側12海里の線（その線が基線から測定して中間線を超えているときは、その超えている部分については、中間線（我が国と外国との間で合意した中間線に代わる線があるときは、その線）とする。）までの海域とする。

2 前項の中間線は、いずれの点をとつても、基線上の最も近い点からの距離と、我が国と向かい合つている外国の海岸に係るその外国の領海の幅を測定するための基線上の最も近い点からの距離とが等しい距離とする。

(基線)
第2条 1 基線は、低潮線、直線基線及び湾口若しくは湾内又は河口に引かれる直線とする。ただし、内水である瀬戸内海については、他の海域との境界として政令で定める線を基線とする。

2 前項の直線基線は、海洋法に関する国際連合条約（以下「国連海洋法条約」という。）第7条に定めるところに従い、政令で定める。

3 前項に定めるもののほか、第一項に規定する線を基線として用いる場合の基準その他基線を定めるに当たつて必要な事項は、政令で定める。

(内水又は領海からの追跡に関する我が国の法令の適用)
第3条 我が国の内水又は領海から行われる国連海洋法条約第111条に定めるところによる追跡に係る我が国の公務員の職務の執行及びこれを妨げる行為については、我が国の法令（罰則を含む。第5条において同じ。）を適用する。

(接続水域)
第4条 1 我が国が国連海洋法条約第33条1に定めるところにより我が国の領域における通関、財政、入出国管理及び衛生に関する法令に違反する行為の防止及び処罰のために必要な措置を執る水域として、接続水域を設ける。

2 前項の接続水域（以下単に「接続水域」という。）は、基線からその外側24海里の線その線が基線から測定して中間線（第1条第2項に規定する中間線をいう。以下同じ。）を超えているときは、その超えている部分については、中間線（我が国と外国との間で合意した中間線に代わる線があるときは、その線）とする。）までの海域（領海を除く。）とする。

3 外国との間で相互に中間線を超えて国連海洋法条約第33条1に定める措置を執ることが適当と認められる海域の部分においては、接続水域は、前項の規定にかかわらず、政令で定めるところにより、基線からその外側24海里の線までの海域（外国の領海である海域を除く。）とすることができる。

(接続水域における我が国の法令の適用)
第5条 前条第1項に規定する措置に係る接続水域における我が国の公務員の職務の執行（当該職務の執行に関して接続水域から行われる国連海洋法条約第111条に定めるところによる追跡に係る職務の執行を含む。）及びこれを妨げる行為については、我が国の法令を適用する。

附則
(施行規則)
1 【略：施行日】
(特定海域に係る領海の範囲)
2 当分の間、宗谷海峡、津軽海峡、対馬海峡東水道、対馬海峡西水道及び大隅海峡(これらの海域にそれぞれ隣接し、かつ、船舶が通常航行する経路からみてこれらの海域とそれぞれ一体をなすと認められる海域を含む。以下「特定海域」という。)については、第1条の規定は適用せず、特定海域に係る領海は、それぞれ、基線からその外側3海里の線及びこれと接続して引かれる線までの海域とする。
3 特定海域の範囲及び前項に規定する線については、政令で定める。

排他的経済水域及び大陸棚に関する法律

(1996年6月14日制定)

(排他的経済水域)
第1条 我が国が海洋法に関する国際連合条約(以下「国連海洋法条約」という。)に定めるところにより国連海洋法条約第五部に規定する沿岸国の主権的権利その他の権利を行使する水域として、排他的経済水域を設ける。
2 前項の排他的経済水域(以下単に「排他的経済水域」という。)は、我が国の基線(領海及び接続水域に関する法律(昭和五十二年法律第三十号)第二条第一項に規定する基線をいう。以下同じ。)から、いずれの点をとっても我が国の基線上の最も近い点からの距離が二百海里である線(その線が我が国の基線から測定して中間線(いずれの点をとっても、我が国の基線上の最も近い点からの距離と、我が国の海岸と向かい合っている外国の海岸に係るその外国の領海の幅を測定するための基線上の最も近い点からの距離とが等しい線をいう。以下同じ。)を超えているときは、その超えている部分については、中間線(我が国と外国との間で合意した中間線に代わる線があるときは、その線)とする。)までの海域(領海を除く。)並びにその海底及びその下とする。

(大陸棚)
第2条 我が国が国連海洋法条約に定めるところにより沿岸国の主権的権利その他の権利を行使する大陸棚(以下単に「大陸棚」という。)は、次に掲げる海域の海底及びその下とする。
一 我が国の基線から、いずれの点をとっても我が国の基線上の最も近い点からの距離が二百海里である線(その線が我が国の基線から測定して中間線を超えているときは、その超えている部分については、中間線(我が国と外国との間で合意した中間線に代わる線があるときは、その線及びこれと接続して引かれる政令で定める線)とする。)までの海域(領海を除く。)
二 前号の海域(いずれの点をとっても我が国の基線上の最も近い点からの距離が二百海里である線によってその限界が画される部分に限る。)の外側に接する海域であって、国連海洋法条約第七十六条に定めるところに従い、政令で定めるもの

(我が国の法令の適用) 【略】

北方領土の歴史年表

1615（元和元）年	松前藩が、メナシ*地方のアイヌから贈られたラッコの皮を江戸幕府に献上（『新羅之記録』）
1635（寛永12）年	松前藩、藩士に蝦夷島を探検させ、初めて国後、択捉や北方の島々の地図を作成する。
1644（正保元）年	松前藩が作成した地図『正保御国絵図』に「くなしり」「えとほろ」「うるふ」を記載。
1754（宝暦4）年	松前藩が国後島に交易場を開設（アイヌ交易が活発になる）。
1786（天明6）年	最上徳内、択捉島に渡り、ロシアの南下の様子を調査。
1798（寛政10）年	幕府、択捉島に近藤重蔵らを派遣「大日本恵登呂府」の標柱をタンネモイに建立。
1799（寛政11）年	幕府、北方4島を含む東蝦夷地を直轄地とする。
	ロシアは18世紀初頭に千島列島に進出したが、択捉島とそれ以南の島々に幕府が番所を置き警備を固めたため、択捉島には来島しなかった。
1800（寛政12）年	高田屋嘉兵衛、択捉航路を開き、択捉島に17ヶ所の場所（交易所）を開く。
1807（文化4）年	4月 択捉島沙那と内保の南部藩・津軽藩の会所をロシア船が攻撃・略奪（沙那事件）。
1811（文化8）年	千島近海を測量中のロシア船のゴロウニン船長が、国後島で南部藩士に捕らえられ、函館・松前で監禁される（ゴロウニン事件）。翌年、高田屋嘉兵衛が国後島付近でロシア船に捕らえられる。
1813（文化10）年	日口両国の間で、国境を決める交渉が始まるが結論は出ず。
1855（安政元）年	「日魯通好条約」締結。日口間の国境を択捉島と得撫島の間に決定。樺太は両国民の雑居地。
1869（明治2）年	明治政府は札幌に開拓使を設け、蝦夷地を北海道と改称し、11カ国86郡を各藩の支配下に置いた。（明治4年に廃藩置県で開拓使直轄に移行）
1875（明治8）年	ロシアと「樺太千島交換条約」を結び、得撫島以北の18島を日本領とする。
1880（明治13）年	色丹、国後、択捉の3島に村役場を設置。
明治20年代	北洋漁業が発展。国後、択捉両島にも社会資本が整備された。また島と北海道を結ぶ定期航路が開設され、通信網も整備された。
大正末期	北方4島に町村制が施行され、昭和5年時点の人口調査では、国後島約8,300人、択捉島約6,300人の住民が主に漁業に従事していた。
1939（昭和14）年	北海道庁、千島列島開発のため択捉島紗那村に千島調査所を設置。
1941（昭和16）年	4月 日ソ中立条約に調印。
1945（昭和20）年	8月9日 ソ連は日ソ中立条約を一方的に破棄し、対日参戦。14日 日本はポツダム宣言を受諾、15日 第二次世界大戦終結。18日 ソ連軍、千島列島への攻撃を開始。9月5日 ソ連軍、北方4島を占領。
1951（昭和26）年	サンフランシスコ平和条約に調印。日本は、千島列島と南樺太（南サハリン）を放棄するが、千島列島には北方4島は含まれていない。
1956（昭和31）年	10月 鳩山一郎首相訪ソ、日ソ共同宣言でソ連と国交回復。第9項で、平和条約締結後に歯舞諸島、色丹島を日本に引き渡すという条文が盛り込まれる。
1964（昭和39）年	初の北方領土墓参の実施。
1981（昭和56）年	日本政府は2月7日を「**北方領土の日**」とすることを閣議決定。
1991（平成3）年	4月 ゴルバチョフ大統領が来日し、橋本龍太郎首相と会談、日ソ共同声明に署名。ソ連は北方4島について、領土画定の問題を初めて文書で認める。
1993（平成5）年	10月 エリツェン大統領来日。細川護熙首相との会談で、日ソ共同宣言を含む全ての日ソ間の条約・国際約束をロシアが引き継ぐことを確認（東京宣言）。
2001（平成13）年	3月 森喜朗首相がイルクーツクでプーチン大統領と会談。東京宣言に基づき4島の帰属問題を解決し、平和条約を締結することを再確認（イルクーツク声明）
2013（平成25）年	4月 安倍晋三首相訪露で、プーチン大統領と会談。日露関係の推進を約す。

*メナシは、東方の意で北方の島々を指す。

竹島の歴史年表

1618（元和4）年	江戸幕府が**竹島（現・鬱陵島）**での独占的漁業権・林業権を米子の大谷・村川家に許可。
1692（元禄5）年	大谷家の漁民が竹島で密漁中の朝鮮漁民と遭遇、島での漁をしないよう注意する。
1693（元禄6）年	村川家の漁民が竹島（現・鬱陵島）で朝鮮漁民と遭遇。安龍福[*]と朴於屯の2名を米子に連行。 11月 朝鮮との交渉役の対馬藩が、朝鮮王朝と竹島の帰属を協議（安龍福らを送還）。
1695（元禄8）年	対馬藩は「竹島（現・鬱陵島）は朝鮮領である」として幕府に交渉の中断を申請。
1696（元禄9）年	1月 幕府、竹島への渡航を禁止。 5月 安龍福らが、隠岐に密入国。送還後に、朝鮮の役人の取り調べに対し、鬱陵島と于山島を朝鮮領とする旨の書契を幕府から得たと供述。（日本側には書契の記録はない。）
1779（安永8）年	「改正日本輿地路程全図」に朝鮮半島と隠岐諸島間の竹島と松島（現・竹島）を記載。
1801（享和元）年	矢田高当が『長生竹島記』を著し、松島を「壱岐国松島」と記す。
1828（文政11）年	鳥取藩士の岡島正義が『竹島考』を著す。竹島での朝鮮漁民と遭遇した経緯、安龍福の事件などを記述。
1849（嘉永2）年	フランスの捕鯨船が松島（現・竹島）を発見し、リアンクール島と命名（以後、リャンコ島、リアンクール岩とも呼ばれる）。
1877（明治10）年	太政官が、竹島（現・鬱陵島）と他の一島（明記なし）は日本領ではないとの判断を内務省に伝達（竹島外一島）。
1883（明治16）年	日本政府は、竹島（現・鬱陵島）への渡航を禁止し、日本人254人を連れ戻す。
1904（明治37）年	隠岐の中井養三郎が、内務省・外務省・農商務省に、**松島・りゃんこ島**（現・竹島）の領土編入と貸し下げを願い出る。
1905（明治38）年	日本政府は閣議で松島・りゃんこ島（リアンクール島）を**竹島**と命名し、島根県隠岐島司の所管とする。2月22日 島根県告示第40号で島根県編入を告示。
1910（明治43）年	8月 韓国併合条約調印。以降1945年まで朝鮮半島は日本の植民地となる。
1946（昭和21）年	GHQの指令第677号で、日本の行政権がおよぶ範囲から**竹島**が外れる。
1948（昭和23）年	李承晩が、大韓民国建国を宣言し、初代大統領に就任。
1951（昭和26）年	梁韓国大使が、米国に独島（竹島）の領有を求める書簡を出すも「ラスク書簡」で拒否される。 9月 サンフランシスコ平和条約調印（竹島は日本領と認められる）
1952（昭和27）年	1月 韓国が李承晩ラインを一方的に設定し、竹島の領有を主張。 4月28日 サンフランシスコ平和条約が発効。
1953（昭和28）年	6月 海上保安庁と島根県が竹島を共同調査。「島根県隠岐郡五箇所村竹島」の標識を建てる。 7月 竹島に上陸中の韓国民間人の独島守備隊が、海上保安庁巡視船に発砲。
1954（昭和29）年	1月 韓国の沿岸警察隊が竹島に領土標識を設置。6月 韓国が竹島に沿岸警察隊を常駐させて不法占拠が始まる。9月 日本は領有問題を国際司法裁判所への付託を提案するが、韓国は拒否。 11月 韓国が竹島沖を航行中の海上保安庁巡視船2隻を砲撃。
1956（昭和31）年	4月 韓国警察鬱陵警察署警官8名が竹島に常駐。
1962（昭和37）年	3月 竹島領有権問題を国際司法裁判所に付託することを再提案、韓国側は再度拒否。
1965（昭和40）年	6月 日韓基本条約調印（李承晩ライン廃止）竹島問題は交渉せず。
1997（平成9）年	11月 韓国が計画した竹島接岸施設が竣工。
1999（平成11）年	1月 新日韓漁業協定発効、竹島周辺は日韓共同管理する暫定水域になる。
2005（平成17）年	3月 島根県が条例で、2月22日を「**竹島の日**」に制定。
2012（平成24）年	3月 韓国の李明博大統領が、竹島に上陸。 日本は領有問題を国際司法裁判所への付託を提案するが、韓国は再々度拒否。

[*]朝鮮王朝は鬱陵島での漁を禁じていたが、密漁はやまなかった。漁民の安龍福は日本語を話せたため、日本に連行された。

尖閣諸島の歴史年表

18世紀以前	琉球（沖縄）では古くから島の存在は知られていた。また、琉球に向かう明の使節らは、航路の標識として認識していた。
1708（宝永5）年	琉球士族の名護親方寵文が著した『指南広義』には、釣魚台、赤尾嶼、黄尾嶼、姑巴甚麻の表記がある。
1872（明治5）年	琉球王国を廃止して琉球藩を設置
1873（明治6）年	日本海軍水路寮が『台湾水路誌』を発刊（「尖閣島」を記載する）。
1884（明治17）年	福岡出身の実業家・古賀辰四郎、大阪商船・永康丸で魚釣島等を探検。
1885（明治18）年	古賀辰四郎、尖閣諸島での羽毛採取のため沖縄県に借地契約を請求。内務省は沖縄県庁に尖閣諸島の調査を内々に命令する。大城永保、魚釣島の観察報告書を沖縄県庁へ提出し、石澤兵吾に無人島であると報告。
1886（明治19）年	3月 日本海軍水路部『寰瀛水路誌』に尖閣列島の調査結果を発表。
1887（明治20）年	6月 軍艦「金剛」が宮古、八重山、尖閣列島を調査。
1892（明治25）年	軍艦「海門」を尖閣列島調査に派遣。
1895（明治28）年	1月 日本政府、尖閣諸島を日本領とし沖縄県への編入を閣議決定。
1896（明治29）年	9月 内務大臣、古賀辰四郎に魚釣島・北小島・南小島・久場島4島を30年期限で無償貸与認可。
1900（明治33）年	古賀辰四郎、宮島幹之助、黒岩恒らの調査団を派遣（黒岩恒、尖閣諸島と命名）
1919（大正8）年	中国福建省の漁民31名が遭難して魚釣島に漂着。島の鰹節工場で働いていた日本人が救助。
1920（大正9）年	中華民国長崎総領事、石垣村、古賀善次（古賀辰四郎の長男）らに遭難者救助の感謝状を贈る（感謝状には、「日本帝国沖縄県八重山郡尖閣列島」と明記されていた）。
1932（昭和7）年	日本政府が古賀善次に、魚釣島・北小島・南小島・久場島の4島を有償で払い下げる。
1940（昭和15）年	戦況悪化のため尖閣諸島の住民が全員引き上げ、無人島になる。
1951（昭和26）年	9月 サンフランシスコ平和条約に調印。尖閣諸島は日本領土のまま米国施政下になる。
1958（昭和33）年	高等弁務官布令第20号に基づき、米軍は古賀善次との間で地料契約を結ぶ。
1968（昭和43）年	国連アジア極東経済委員会（ECAFE）が東シナ海の海底調査。翌年、埋蔵量の豊富な油田がある可能性が高いと発表。
1971（昭和46）年	6月 沖縄返還条約が締結され、翌年5月沖縄諸島とともに尖閣諸島も施政権が返還される。6月台湾が、12月に中国が、公式に領有権を主張。
1972（昭和47）年	日中共同声明に調印し国交正常化。尖閣諸島の帰属問題は議論されず、古賀善次、南小島、北小島を栗原國起に譲渡。
1978（昭和53）年	4月 日中平和友好条約の締結交渉中に100隻余の中国船が領海侵犯や不法操業を行なう。
1979（昭和54）年	沖縄開発庁が魚釣島にヘリポートを設置。中国政府の抗議を受け中断。
1992（平成4）年	中国は、自国の領海法で「台湾および魚釣島を含む付属各島」を中国領と明記。
1998（平成10）年	12月 海上保安庁が年内の領海侵犯の船舶を初公表。総数1885隻のうち中国漁船1547隻。
2004（平成16）年	3月 中国人7人が魚釣島に不法上陸。強制退去処分。
2005（平成17）年	日本青年社が建設した魚釣島灯台の所有権が日本政府に移る。
2010（平成22）年	9月 領海侵犯をした中国漁船が、海上保安庁の巡視船に体当たりする事件を起こす。その状況を記録したVTRがインターネット上に流れ、問題となる。
2012（平成24）年	9月 日本政府が一部残っていた私有地を購入し、全島国有化する。同月、中国で大規模な反日暴動が起こり、在中の日本企業が被害を受ける。
2013（平成25）年	中国の海洋監視船による尖閣諸島の接続水域航行、領海侵犯が頻発する。

参考資料一覧

参考にしたおもな資料と文献を掲載した。

第1～3章
国土地理院「全国都道府県市区町村別面積調・島面積」2012年
加藤庸二『原色日本島図鑑』新星出版、2010年
全国歴史教育研究会編『日本史Ⓑ用語集』山川出版社、2001年
国土地理院 50万分の1地方図、20万分の1地勢図
海上保安庁海洋情報部ホームページ

第4章
石井進・五味文彦ほか著『詳説日本史』改訂版、山川出版社、2010年
東京書籍編集部編著『図説日本史』改訂4版、東京書籍、2005年
吉村武彦著『ヤマト王権』シリーズ日本古代史②、岩波新書、2010年
寺沢薫著『王権誕生』日本の歴史第2巻、講談社、2000年
中村明蔵著『隼人の古代史』平凡社新書、2001年
村井章介著『境界をまたぐ人びと』日本史リブレット、山川出版社、2006年
五味文彦著『躍動する中世』全集日本の歴史第5巻、小学館、2008年
ロナルド・トビ著『「鎖国」という外交』全集日本の歴史第9巻、小学館、2008年
渡辺京二著『黒船前夜　ロシア・アイヌ・日本の三国志』洋泉社、2010年
瀬川拓郎著『アイヌの歴史　海と宝のノマド』講談社選書メチエ、2007年

第5章
山本皓一著『日本人が行けない日本領土』小学館、2007年
外務省欧州局ロシア課『われらの北方領土』2012年
外務省アジア大洋州局北東アジア課『竹島を理解するための10のポイント』2008年

写真・イラスト提供一覧

p 5　えとぴりか号と監修者（吹浦忠正）
p 7　知床半島空撮（株式会社須田製版）
p 8　プトレマイオス世界地図・ミュンスター版（九州大学附属図書館）
p21　聖地エルサレム（カスパ/PIXTA）
p32　ネパール・エベレスト街道（佐藤聖）
p33　中朝国境の河・鴨緑江（Spare Time Studio/PIXTA）
p34　ベルリンの壁（tongsan/PIXTA）
p35　アメリカ・メキシコ国境（ほー/PIXTA）
p35　アメリカへの出国ゲート（animangel/PIXTA）
p36　板門店（イチロー/PIXTA）
p37　チェコ国境（ペルワ/PIXTA）
p37　パスポートとビザ（スペイン・ルーマニア）（川崎祥史）
p38　インド・パキスタン国境（mas/PIXTA）
p39　イスラエルが建造したパレスチナの壁（マサ/PIXTA）
p40　南沙諸島の中国建造物（PANA通信社）
p45　尖閣諸島・大正島（山本皓一）
p49　国後島古釜布（独立行政法人北方領土問題対策協会）
p49　択捉島紗那（独立行政法人北方領土問題対策協会）
p56　竹島・東島の人工岸壁（山本皓一）
p70　尖閣諸島の戦前初の漁労調査（山本皓一）
p74　沖ノ鳥島（国土交通省京浜河川事務所海岸課）
p74　沖ノ鳥島の北小島岩礁（山本皓一）
p75　離於島イラスト（神林光二）
p77　南鳥島（国土交通省関東地方整備局東京港湾事務所）
p79　天保国絵図（国立公文書館）

監修者　吹浦忠正（ふきうら・ただまさ）

1941年、秋田生まれ。早稲田大学大学院終了。埼玉県立大学教授（政治学、国際協力論）を経て、現在ユーラシア21研究所理事長、難民を助ける会特別顧問、法務省入国管理局難民審査参与員、日本国際フォーラム評議員など。オリンピック東京大会組織委員会国旗担当職員、長野冬季オリンピック大会組織委員会式典担当顧問を歴任、"ミスター国旗"として知られる。

主な著書に『捕虜の文明史』(新潮選書)、『国旗総覧』（古今書院・ユネスコ選書)、『にっぽん国際人流志』(自由国民社)、『「日の丸」を科学する』(自由国民社)『国旗で読む世界地図』(光文社新書)、『捕虜たちの日露戦争』(日本放送出版協会)、『世界の国旗ビジュアル大事典』(学習研究社)『ぬりえ世界の国旗』(ほるぷ出版)、『知っておきたい「日の丸」の話』(学研新書) など多数。

編集・執筆協力	長谷川 愼一（Geo）　三浦 嘉治
地図・図版制作	木川 六秀　長谷川 愼一
本文デザイン	長谷川 泰子
装丁	辻 聡

よくわかる日本の国土と国境

2013年　7月10日　第1刷印刷
2013年　7月22日　初版発行
監修者　吹浦忠正
発行者　矢熊　晃
発行所　株式会社 出窓社
　　　　東京都国分寺市光町1-40-7-106　〒185-0034
　　　　TEL 042-505-8173　FAX 042-505-8174
　　　　http://www.demadosha.co.jp
　　　　振　替　00110-6-16880
印刷・製本　シナノ パブリッシング プレス

©demadosha 2013 printed in japan
ISBN978-4-931178-83-0
乱丁・落丁本はお取り替えいたします。
定価はカバーに表示してあります。